Erika und Fritz Käfer

Pilgerwege nach Mariazell

Mariazellerwege 06

Band Ost + Nord

Erika und Fritz Käfer

Pilgerwege nach Mariazell

Mariazellerwege 06
Band Ost + Nord

Wien
Niederösterreich
Burgenland

:STYRIA

Bildnachweis
Das Umschlagbild stammt vom Tourismusverband Mariazellerland

ISBN 978-3-222-13261-2

styria

© 2009 by Styria Verlag
in der Verlagsgruppe Styria GmbH & Co KG
Wien · Graz · Klagenfurt

Bücher aus der Verlagsgruppe Styria gibt es
in jeder Buchhandlung und im Online-Shop
styriabooks.at

Umschlaggestaltung: Andrea Malek, Graz
Karten © BEV 2009, vervielfältigt mit
Genehmigung des BEV – Bundesamtes für
Eich- und Vermessungswesen in Wien, T2009/54000
Druck und Bindung: Druckerei Theiss GmbH
St. Stefan im Lavanttal
7 6 5 4 3 2
Printed in Austria

Inhalt

Zum Geleit 7

Vorwort 8

Allgemeines 10

Information über die Sektion Weitwanderer
des Oesterreichischen Alpenvereins 19

Der Wiener Mariazellerweg 29

Der Niederösterreichische Mariazellerweg 57

Der Burgenländische Mariazellerweg 113

Stichwortverzeichnis 139

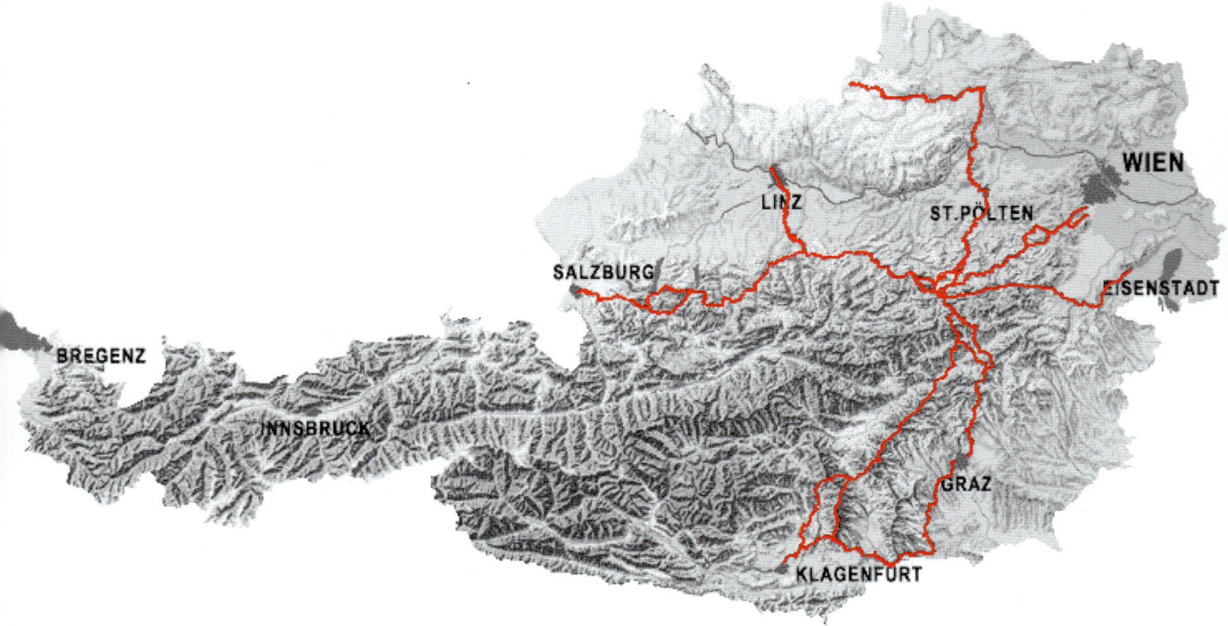
WIEN
LINZ
ST.PÖLTEN
SALZBURG
EISENSTADT
BREGENZ
INNSBRUCK
GRAZ
KLAGENFURT

Zum Geleit!

Eine wachsende Zahl begeisterter Natur- und Wanderfreunde bildet heute den festen Kern des Weitwanderns im Oesterreichischen Alpenverein. Die aktive Sektion der Weitwanderer ist aus der großen Familie des Oesterreichischen Alpenvereins nicht mehr wegzudenken.
Ein besonderes Verdienst der Sektion Weitwanderer ist die Erarbeitung und Herausgabe der sechsten, erneuerten Auflage (2 Bände) der Mariazeller Weitwanderwegführer. Nach völliger Überarbeitung wurde das Wanderbüchlein auf den letzten Stand gebracht.
Die Mariazellerwege stellen besondere Leckerbissen für die Weitwanderer in Österreich dar. Nach alter Wallfahrertradition führen die Wege aus allen Richtungen von Wien, von Eisenstadt, vom Nebelstein über St. Pölten, von Klagenfurt, von Eibiswald über Graz und von Salzburg bzw. von Linz sternförmig zum Gnadenort Mariazell. Auch der bekannteste aller Weitwanderwege, der Nord-Süd-Weitwanderweg 05, berührt diesen Gnadenort.
Auf den Wegen durchstreift der Wanderer nicht nur die Vielfalt der natürlichen und landschaftlichen Schönheiten Österreichs, sondern begegnet neben der Bundeshauptstadt und sieben Landeshauptstädten auch den großen österreichischen Kulturdenkmälern in St. Wolfgang, Bad Ischl, St. Florian, Christkindl, Maria Saal, Magdalensberg, St. Paul im Lavanttal, Stainz, Maria Trost, Zwettl, Heiligenkreuz im Wienerwald und vielen anderen.
Um das Zustandekommen der Mariazellerwege hat sich der verstorbene Wanderpionier Carl Hermann sehr verdient gemacht. Seiner sei an dieser Stelle besonders gedacht.
Im Namen aller Wanderfreunde möchten wir einen aufrichtigen Dank den zwei „Weitwanderkäfern“, Erika und Fritz Käfer, aussprechen. Ohne ihre persönliche Begeisterung und ihren mühevollen Einsatz wäre die sechste Auflage des Mariazeller Weitwanderwegführers in dieser Vollständigkeit und Gefälligkeit nicht zustande gekommen.
Allen Freunden des Wanderns, des Pilgerns und des Weitwanderns wünschen wir mithilfe dieses Wanderbüchleins schöne Erlebnisse in diesem einmaligen Natur- und Kulturraum Österreichs.

Dr. Christian Wadsack
Präsident des OeAV

Vorwort

Bereits im Jahr 1975 wurde im so genannten Generalplan eines österreichischen Weitwander-Wegenetzes von MinR Dr. Robert Wurst das System der Mariazellerwege mit einbezogen. Die Herausgabe eines provisorischen Führers durch den vormaligen Sektionenverband Steiermark erfolgte im Jahr 1980 und wurde im Jahr 1982 durch das im Verlag Styria erschienene Wanderführerwerk von Dr. Franz Gasparics (†) und Bildhauer Carl Hermann (†) abgelöst, welches dieses Wegesystem entsprechend dokumentierte. Zwei Jahre zuvor, nämlich am 20. September 1980, anlässlich des 10-jährigen Bestandes des Nord-Süd-Weitwanderweges 05, wurden durch Carl Hermann die damals bestehenden fünf Mariazellerwege 06 der Öffentlichkeit vorgestellt und ihrer Bestimmung übergeben. Im Jahr 1988 kam durch eine Arbeitsgruppe oberösterreichischer Kameraden der OeAV-Sektion Weitwanderer unter Helmut Schnauder die Beschreibung (im Eigenverlag der Sektion) des noch fehlenden, jedoch bereits seit geraumer Zeit geplanten oberösterreichischen Mariazellerweges heraus.
Im Jahr 2007 entstand bei Mag. Friedrich Donabauer nach Begehung der sechs Mariazellerwege der Gedanke, auch einen Pilgerweg von Salzburg nach Mariazell zu errichten, der in dieser Auflage (Band West/Süd) verwirklicht wurde.
Während die Wallfahrertradition bis in das 17. Jahrhundert zurückreicht und sich bereits damals wie auch in unserer motorisierten Zeit großen Zuspruchs erfreute und noch erfreut, sind Wegbeschreibungen für die Mariazellerwege aus dem Raum Wien und Niederösterreich erst seit der Jahrhundertwende bekannt. Heute werden dem Vernehmen nach je vier- bis fünftausend Pilger jährlich aus den – diesen Brauch bewahrenden – Bundesländern Burgenland, Wien, Niederösterreich und Steiermark registriert. Ebenso dürften es immerhin noch einige hundert aus Oberösterreich und Salzburg sein, die zu Fuß nach Mariazell pilgern.
Die in diesem Wanderführer vorgestellten Mariazellerwege erheben keinen Anspruch auf Vollständigkeit. Mancher Wanderer oder Wallfahrer (Pilger) wird hier vergeblich „seinen“ Weg suchen. Führen doch alle Wege nach Mariazell, ob nun die Wanderung z. B. in Weiz, Andritz, Stockerau, Scheibbs, Lilienfeld, Maria Enzersdorf, Leopoldsdorf oder Veitsch etc. begonnen wird, denn von wo auch immer Menschen nach Mariazell aufbrechen, werden sie

den von ihrem Wohnort aus günstigsten Weg wählen. Aber alle Wallfahrerwege in dieses Büchlein aufzunehmen, wäre nicht möglich gewesen.
Die im vorliegenden Wanderführer beschriebenen Mariazellerwege 06 sind bereits alle in den Österreichischen Karten 1:50.000 des Bundesamtes für Eich- und Vermessungswesen enthalten, weshalb einschneidende Routenänderungen nicht vorgenommen werden konnten und daher das Augenmerk auf die Wegbeschreibung gerichtet wurde. Leider sind bereits viele der zum Zeitpunkt der Weganlage bestehenden Güterwege asphaltiert, und es müssen daher teilweise größere Asphaltstrecken in Kauf genommen werden. Diese sind jedoch stets verkehrsarm und trösten durch die Schönheit der Landschaft über so manche Unbillen des Asphaltes hinweg.
Unser Dank gilt hier den Herren Herwig Baumgartner und Franz Jesse, weiters dem Wegebetreuer aller Mariazellerwege Karl Reitner und den Weitwanderern Dipl.-Ing. Bernhard Atzwanger sowie Mag. Friedrich Donabauer, die durch ihre wertvollen Ratschläge wesentlich zum Gelingen dieses Wanderbüchleins beigetragen haben. Gleichzeitig danken wir auch allen wegbetreuenden OeAV-Sektionen und übrigen alpinen Vereinen für die vorzügliche Arbeit hinsichtlich der Instandhaltung der Wege sowie der Markierungen. Und schließlich sei den Herren Univ.-Prof. Dr. Günther Eigenthaler und Mag. Karl Mor (†) für ihre Mithilfe am vorliegenden Führer ebenso gedankt wie Frau Anneliese Kainer vom Verlag Styria für die gute Zusammenarbeit.
Abschließend ist es uns ein besonderes Anliegen, den Begehern der Mariazellerwege zu wünschen, dass sie viele angenehme und frohe Tage sowie auch besinnliche Stunden in unserer schönen Heimat erleben, mit viel Freude ihr Ziel, den Gnadenort Mariazell, erreichen und gestärkt an Leib und Seele nach Hause zurückkehren mögen.

Fritz Käfer
Erika Käfer

Allgemeines

Vorbereitung der Begehung

Ähnlich wie bei allen alpinen Touren und Weitwanderwegen bedarf es auch bei einer Begehung der Mariazellerwege 06 entsprechender Vorbereitung anhand von geeignetem Kartenmaterial. Die ins Auge gefassten Streckenabschnitte und vor allem die zu bewältigenden Gebirgszüge sollten in angemessene Tagestouren gegliedert werden. Es muss auch ein von der Planung abweichender Ablauf bzw. ein unter Umständen vorzeitiger Abbruch der Tour wegen Schlechtwetters vorgesehen werden.

Die Mariazellerwege 06 sind ein Weitwanderwegesystem auch für die Familie und für Senioren, das sternförmig nach Mariazell führt. Allerdings müssen doch gute Ausrüstung, eine gewisse Kondition und vor allem die Kenntnis der Gefahren im Gebirge vorausgesetzt werden.

Wichtige Regeln für das Verhalten in den Bergen

1. Vor jeder Tour müssen die Bergerfahrung und körperliche Eignung aller Teilnehmer – Erwachsener und Kinder – geprüft werden. Fehlende Erfahrung gefährdet im Gebirge das Leben.
2. Jede Bergtour muss anhand der Tourenbeschreibung und Landkarten genau geplant werden. Rechtzeitig Auskünfte einzuholen, kann dabei entscheidend helfen.
3. Da das Wetter in den Bergen oft sehr rasch umschlägt, sind Regen- und Kälteschutz (Handschuhe, Mütze) sehr wichtig. Auch entsprechende Ausrüstung (ordentliche Wanderschuhe) ist beim Bergwandern notwendig. Für sommerliches Schönwetter ist entsprechender Sonnenschutz (Kopfbedeckung, Sonnencreme, Sonnenbrille, Lippenschutz) nicht zu vergessen.
4. Vor dem Aufbruch sollen aus Gründen der Sicherheit Weg und Ziel der Tour sowie der voraussichtliche Zeitpunkt der Rückkehr dem Hüttenwirt oder Freunden bekannt gegeben werden. Genaue Eintragungen im Hüttenbuch, auch bei kurzer Rast, erleichtern im Unglücksfall den Suchmannschaften den Einsatz.
5. Das Tempo beim Wandern muss der Kondition angepasst werden. Zu rasches Gehen am Beginn einer Tour führt unweigerlich zu frühzeitiger Erschöpfung.

6. Markierte Wege nicht verlassen. Vorsicht beim Begehen von steilen Grashängen, vor allem bei Nässe! Besonders gefährlich sind Querungen von Schneefeldern.
7. Wenn das Wetter umschlägt, Nebel einfällt, der Weg zu schwierig wird oder in schlechtem Zustand ist, sollte man umkehren. Das ist keine Schande, sondern ein Zeichen von Vernunft.
8. Tritt wider Erwarten ein Unfall ein, Ruhe bewahren. In manchen Fällen wird man sich selbst helfen können. Wenn nicht, soll durch Rufen, Lichtzeichen oder Winken mit großen Kleidungsstücken versucht werden, Hilfe herbeizuholen. Ein Verletzter ist in der Regel am Unfallort zu belassen und soll nach Möglichkeit nicht allein gelassen werden. Den Standort durch Markierung leicht einsichtbar machen.
9. Das **alpine Notsignal** wird hör- und sichtbar gegeben. Wer Hilfe anfordert, gibt in einer Minute sechs Signale in regelmäßigen Abständen, wartet eine Minute und wiederholt den Vorgang. Zur Antwort werden in einer Minute drei Signale gegeben, dann eine Minute warten und wiederholen. Die Notsignale müssen bis zum Eintreffen der Helfer fortgesetzt werden. Jeder Bergsteiger und Wanderer ist verpflichtet, die Meldung über Wahrnehmungen an Gendarmerie, Schutzhütten oder Bergrettung zu veranlassen.
10. Auch ein Handy kann im Notfall hilfreich sein, es hat allerdings nicht überall Empfang. Die Bergrettung selbst erreichen Sie rund um die Uhr in ganz Österreich unter der Rufnummer 140, es kann aber auch europaweit die Notrufnummer 112 benützt werden *(wenn kein Empfang, Standort wechseln, Handy ausschalten und wieder einschalten, dann ohne Pin-Code probieren und in regelmäßigen Abständen 112 wählen – dabei statt „o.k." die Verbindungstaste drücken).* Wenn kein Empfang gegeben ist, entleert sich der Akku sehr schnell. Besser ist es daher, Sie schalten das Handy nur bei Bedarf ein, um den Akku zu schonen. Bedenken Sie auch, dass ein Gerät während der Tour abkühlen und es bei Wärme im Inneren zu Kondenswasserbildung kommen kann. Verwahren Sie es möglichst so, dass es auch nicht schweißnass wird.
11. Bei **Unfallmeldungen** sind folgende Details zu berücksichtigen: Name, Standort des Meldenden. Was ist geschehen? Wo liegt die Unfallstelle, wie viele Personen sind betroffen? Wetterbedingungen an der Unfallstelle?
12. Die Berge sind für alle da. An ihrer Erhaltung und Sauberkeit mitzuhelfen, ist Pflicht jedes Wanderers. Jeder muss seine Abfälle wieder mit ins Tal nehmen, die Tier- und Pflanzenwelt muss geschont werden.

Weggliederung, Wanderkarten, Markierung und Wegzeiten

Die Einteilung in Tagesetappen stellt lediglich eine Empfehlung dar, da aufgrund der verschiedenen Bewirtschaftungszeiten der Hütten und der Ruhetage der Gasthöfe die Tagesstrecken von der Jahreszeit der Begehung und dem individuellen Wandertempo des jeweiligen Begehers abhängig sind.

Die Wegmarkierung auf den Mariazellerwegen 06 ist einheitlich rot-weiß-rot und derzeit gut. Sporadisch erfolgt die Bezeichnung auch mit rot-weiß-roten quadratischen Metalltafeln (20 x 20 cm), die im weißen Feld die Nummer „06“ tragen.

Die Wegnummern der Weitwanderwege sind grundsätzlich dreistellig. Die Zehner- und Einerstellen bleiben durchgehend gleich 06. Lediglich mit dem Wechsel der Gebirgsgruppen ändern sich die Grundnummern (Hunderterstelle). In den Zentralalpen sind diese Grundnummern ungerade, 100, 300, 500, 700 und 900, in den nördlichen und südlichen Kalkalpen hingegen gerade, nämlich 200, 400, 600 und 800. Die Mariazellerwege 06 sind demnach mit 106, 206, 306, 406, 506, 606, 706, 806 und 906 bezeichnet.

Unumgänglich für die Durchführung der Wanderung ist die Mitnahme guter Wanderkarten. Es ist von Vorteil, bereits bei der Planung die Wegbeschreibung und die Wanderkärtchen dieses Führers zu studieren und mit der Landkarte zu vergleichen. Als Übersichtskarten gut geeignet sind die Wanderkarten von Freytag & Berndt und Kompass.

Die Wanderkärtchen haben die ÖK 1:50.000 des Bundesamtes für Eich- und Vermessungswesen als Grundlage. Alle Höhenkoten und Ortsnamen wurden daraus entnommen. Die Anlage der Wanderkärtchen erfolgte im Maßstab 1:200.000.

Es muss hier nachdrücklich darauf hingewiesen werden, dass die Wanderkärtchen keinesfalls als Wanderkartenersatz dienen, da daraus kaum Details und keine Gesamtübersicht der zu durchwandernden Gebiete ersehen werden können.

Die Zeit- und Längenangaben sowie Höhenprofile bei den Tagesetappen dienen der raschen Orientierung, wobei Zweitere der ÖK M 1:50.000 des Bundesamtes für Eich- und Vermessungswesen entnommen wurden bzw. Erstere aufgrund eigener Erfahrungen anlässlich der Begehung des Weges Berücksichtigung fanden.

Die Zeitangaben lassen Rastpausen, Unterbrechungen, Besichtigungsaufenthalte etc. unberücksichtigt und werden sich nach den Weg- und Witterungsverhältnissen orientieren.

Einteilung der Touren

Sehr leichte Tour: Beinahe keine Höhenunterschiede, Weg ohne Anstrengung nahezu bei jeder Wetterlage begehbar.

Leichte Tour: Weg mit mäßigen Höhenunterschieden, bei nicht extrem schlechter Wetterlage ohne besondere Anstrengung begehbar.

Mittlere Tour: Mittel- und Hochgebirge, teilweise über der Waldgrenze, größere Höhenunterschiede, entsprechende Kondition und gute Ausrüstung erforderlich. Weg bei nicht allzu schlechten Wetterbedingungen begehbar.

Anspruchsvolle Tour: Hochalpines Gelände, Orientierungsgeschick, Trittsicherheit und Schwindelfreiheit erforderlich, teilweise gesicherte Steige, nur bei Schönwetter begehbar.

Bitte beachten Sie, dass eine solche Einteilung nicht jede spezielle Situation berücksichtigen kann und immer wieder Grenzfälle und Ausnahmen vorkommen. Erkundigen Sie sich daher nach Möglichkeit auch bei kompetenten Stellen vor Ort über die jeweiligen Wetter- und Wegverhältnisse.

Unterkunft, Verpflegung und Wegbetreuung

Die Mariazellerwege weisen auf ihrer ganzen Länge eine festgelegte Anzahl von Gasthöfen in Talorten sowie Schutzhütten der alpinen Vereine auf, die Verpflegung und Unterkunft bieten. Die Bewirtschaftungszeiten sind im Textteil vermerkt, doch empfiehlt es sich, die Öffnungszeiten rechtzeitig zu erfragen.

Da Ruhetage und Bewirtschaftungszeiten variieren können, empfiehlt es sich, neben Proviant auch ausreichend Flüssigkeit (vor allem für Kinder) im Rucksack mitzuführen.

Die Wegbetreuung (Markierung) der Mariazellerwege erfolgt durch jene Sektionen und Ortsgruppen der alpinen Vereine, die im Bereich dieser Weitwanderwege ihre Arbeitsgebiete haben.

Jagdsperren

Ab Mitte September bis Mitte Oktober ist in der Steiermark beinahe überall mit Jagdsperren zu rechnen, und diese erstrecken sich auch auf markierte Wege. Vor allem sind jedoch die Schutzhütten während dieser Zeit geschlossen.

Wichtige Telefonnummern bzw. Internet-Adressen

Vorwahl für **Österreich**	0043
Alpenwetterbericht	0900 91 15 66 80
Bergrettung	140
Hüttensuche	www.alpenvereinshuetten.at
Internet-Alpenwetterbericht	www.alpenverein.at
Notruf (europaweit)	112
ÖBB-Postbus GmbH	0810 222 333
Regionalwetter	0900 91 15 66 81
Telefonauskunft	11 88 77
Verkehrsverbund Kärnten	0463/54 61 821
Verkehrsverbund NÖ	01 894 34 98, office@abbv.at
Verkehrsverbund OÖ	0810/24 0810, www.ooevv.at
Verkehrsverbund Salzburg	0662/87 57 87 DW 15 oder 16
Verkehrsverbund Steiermark	0316/81 21 38-0
Zentrale Zugauskunft (ÖBB)	05/1717, www.oebb.at

Kontrollstellen

Sollten Sie aus irgendeinem Grund an einer Kontrollstelle (K) keinen Stempel erhalten oder sollte die Kontrollstelle geschlossen sein, wenden Sie sich einfach an ein anderes Gasthaus, Geschäft, an den Bahnhof oder das Gemeindeamt.
In den angegebenen Kontrollstellen bzw. Kontrollorten besteht zum Teil auch Nächtigungsmöglichkeit (N). Bei eingeplanter Nächtigung wird telefonische Anmeldung empfohlen bzw. erwünscht. Kontrollstellen und Telefonnummern: Stand November 2008. Bei Telefonnummernänderungen bitte Fernsprechverkehr-Auskunft Inland 118877 wählen.

Bedingungen für den Erwerb eines Wanderabzeichens

Mit der Begehung der Mariazellerwege 06 erwirbt der Wanderer das Recht auf Verleihung eines Wanderabzeichens, ohne Rücksicht auf Zugehörigkeit zu einem Verein oder Nationalität unter Erfüllung nachstehender Bedingungen:

1. Der Erwerb des Wanderabzeichens ist an den Besitz des vorliegenden Führerwerkes gebunden.
2. Für Familien ist lediglich ein Führer erforderlich, es ist jedoch für jeden Teilnehmer ein eigenes Beiblatt anzufügen, aus dem die Namen der Mitwanderer hervorgehen.
   Dasselbe gilt auch für Jugend- und Schülergruppen.

3. Die Kontrollstempel sind mit Datum in die vorgesehenen Leerfelder am Ende des Führers einzutragen.
4. Die Wanderung kann bei jeder Kontrollstelle unterbrochen werden. Wird jedoch unterbrochen, so muss der letzte Stempel bei Fortsetzung der Tour nochmals eingeholt werden.
5. Hat der Wanderer einen Mariazellerweg 06 zur Gänze durchwandert und wünscht ein Abzeichen, kann er den Wanderführer mit allen Kontrollstempeln an den Wegbetreuer, Herrn **Karl Reitner, Kegelprielstraße 13, 4400 Steyr,** einsenden. Die Unterlagen werden überprüft, und dem Wanderer wird dann gegen eine Manipulationsgebühr das wohlverdiente Wanderabzeichen einschließlich des Wanderführers übermittelt. Für alle Mariazellerwege wird nur **ein** Abzeichen verliehen. Dies erfordert bei Zurücklegung eines weiteren Mariazellerweges jeweils auch die Einsendung des Abzeichens gemeinsam mit dem Wanderführer, damit für jeden Weg ein andersfärbiger Stein eingesetzt werden kann, und zwar:

Eibiswald – Mariazell:	grüner Stein
Klagenfurt – Mariazell:	violetter und grüner Stein
Nebelstein – Mariazell:	blauer Stein
Wien – Mariazell:	roter Stein
Eisenstadt – Mariazell:	weißer Stein
Pöstlingberg/Linz – Mariazell:	brauner Stein
Salzburg – Mariazell:	dunkelblauer Stein

6. Die Begehung der Mariazellerwege erfolgt auf eigene Gefahr. Die alpinen Vereine sowie die Grundeigentümer übernehmen keine wie immer geartete Haftung.
7. **Es besteht kein Zeitlimit!**

Die vollständige Durchwanderung aller sieben Mariazellerwege 06 wird mit 1400 km und 56 Teilnahmewertungen für das Europavolkssportabzeichen der Europäischen Volkssport Gemeinschaft-Österreich (EVG) gewertet. Auskünfte erteilt die EVG-Geschäftsstelle, A-1160 Wien, Koppstraße 58/4.
Außerdem werden diese Weitwanderwege auch für das Internationale Volkssportabzeichen (IVV) gewertet. Die Vergabe des IVV-Stempels erfolgt durch die ÖVV-Geschäftsstelle, A-4600 Wels, Kuhnstraße 16, E-Mail: info@wandern.at.

Naturkundliches

Mag. Karl Mor (†)

Mariazell ist seit Jahrhunderten das Ziel von Wallfahrern. Heute verfügt man über Eisenbahnen und Autobusse, um den Gnadenort rasch und wenig stapaziös zu erreichen. In früheren Zeiten ging es auf bestimmten Wallfahrerwegen zu Fuß nach Mariazell. Leider sind viele der ehemaligen Pfade zu verkehrsreichen Straßen geworden, und es wäre wahrlich kein Vergnügen, auf diesen Wegen zu wandern. An die Tradition des Wallfahrens wollen die Weitwanderer anknüpfen. Sie verlegten, bei Beibehaltung der Richtung, überall dort, wo es möglich war, die Wallfahrerrouten auf Wege und Steige, fernab vom Verkehr. Wanderwege führen heute aus Wien, Niederösterreich, Oberösterreich, Salzburg dem Burgenland und der Steiermark nach Mariazell. Kärnten schließt sich dem steirischen Weg ab Eibiswald an.
Klima und Untergrund prägen die Landschaft. Bei der Vielzahl an unterschiedlichen Biotopen ist es schwer, einen kurzen naturkundlichen Beitrag über die Mariazellerwege zu liefern. Es sollen daher nur einige Besonderheiten, die im Bereich der Routen liegen, beschrieben werden. Eine Vollständigkeit ist weder möglich noch wurde sie angestrebt.
Viel Sehenswertes ist bei der Durchwanderung der Mariazellerwege 06 zu beobachten. Nur einige wenige Besonderheiten konnten beschrieben werden. Wer offenen Auges durch die Natur geht, wird noch viel Interessantes finden können. Ein Versuch wird Sie überzeugen. Gut Fuß!

Der **Wiener Mariazellerweg** beginnt an der Stadtgrenze in Rodaun bzw. in Perchtoldsdorf. Wir durchwandern hier den südlichen Wienerwald, der zur Großlandschaft der Kalkalpen gehört. An seinem Ostabbruch, aber auch an offenen und warmen Stellen findet man Reste der pannonischen Flora. Schöne Bestände von Schwarzföhren haben hier ihr natürliches Verbreitungsgebiet. Im Frühjahr blühen Küchenschelle und Zwergschwertlilie, Adonisröschen und Diptam. Sie seien dem Wanderer besonders ans Herz gelegt, mit der Bitte, sich der seltenen Pflanzen zu erfreuen, sie aber nicht zu beschädigen.
Wenn wir das Triestingtal überschreiten, verlassen wir den Wienerwald und erreichen die Kalkvoralpen. Wer außerhalb der Hauptwanderzeit entlang des Raingupfes dem Kieneck zustrebt, kann Gämsen sehen, die erstaunlicherweise hier einen passenden Lebensraum gefunden haben.

Weichen wir vom **Burgenländischen Mariazellerweg** ein wenig ab, stoßen wir in der Gegend von Groß Höflein auf Sandgruben und Steinbrüche. Abgebaut wird hier ein Sandstein, der von Kalkalgen im Tertiärmeer gebildet wurde. Er ist leicht zu bearbeiten und wurde daher für viele Bauten in Wien verwendet. Das Kuriose ist, dass dieser Leithakalk das Leithagebirge nur ummantelt, es aber selbst aus einem Kern kristallinen Gesteins besteht.

Am Nebelstein beginnt der **Niederösterreichische Mariazellerweg.** Dunkle Fichtenwälder und riesige Granitblöcke sind für das nördliche Waldviertel charakteristisch. Es erscheint unfassbar, dass hier einst ein Buchenwald beheimatet war, der seit Jahrhunderten genutzt wurde. Große Mengen des geschlagenen Holzes wurden von der Glasindustrie verbraucht, und die rascher wachsende Fichte anstelle der Laubbäume gepflanzt. Versuche, den ursprünglichen Laubwald zumindest sporadisch wiederherzustellen, hatten wenig Erfolg. Der kieselsaure Waldboden wurde von den verrottenden Nadeln noch saurer und dadurch für einen Buchenwald ungeeignet. Im Wald, aber auch auf Wiesen und Feldern, stößt man auf viele Formen schwerer Granitblöcke. Diese sind nicht wie in Norddeutschland während der Eiszeit hierher verfrachtet worden, sondern stellen die harten Kerne des Granituntergrundes dar, die aus dem Boden herauswitterten. Manche dieser Blöcke liegen nur mit einer kleinen Fläche dem Untergrund auf und können mit geringer Kraft zum Wackeln gebracht werden. Wer sich einmal ohne Erfolg abmühte, einen Wackelstein zu bewegen, sei nicht ungehalten. Der Stein wackelt nämlich nur, wenn man die Kraft an einer bestimmten Stelle anwendet. Praktiker suchen daher die Stelle, wo der Stein abgegriffen ist, wo seit Generationen die Jugend ihren Spaß am Wackeln hatte und ihr Wissen weitergab.
Gleich drei Kuriositäten zeigen sich am Kamp entlang des 06er Weges. Zwischen Wegscheid und Steinegg sind, als einziger Fluss Europas, die Ufer des Kamp in ihrer urspünglichen Form erhalten geblieben. Weder Straße noch Eisenbahn zwängen sich in das schmale, tief eingeschnittene Flusstal. Die Bestrebungen, auch in diesem Bereich einen Stausee zu errichten, konnten abgewehrt werden. Nahe von Steinegg mündet vom Norden her kommend ein Bach, der durch den Hirschgraben fließt, in den Kamp. Am Bachschotter findet man bei einiger Ausdauer und ein wenig Glück eine krustenförmige Rotalge, die Hildenbrandtia. Rotalgen sind fast ausschließlich Meeresalgen,

und die nächsten Verwandten unserer Süßwasserform leben in der Adria und im Atlantik.
Schon nahe der Rosenburg können wir die eher seltene Ausbildung eines Umlaufberges entdecken. Eine Flussschlinge umschließt den Umlaufberg fast kreisförmig. Durch Abtragung am Prallhang und Aufschüttung am Gleithang nähern sich die Schenkel der Schlinge. Noch sind beide voneinander 200 m getrennt. Ohne menschliche Eingriffe würde diese Landbrücke in geologisch kurzer Zeit durchstoßen sein. Der Kamp wäre dadurch begradigt, die Schlinge würde zum Altarm. Derzeit nützt ein Elektrizitätswerk die Höhenstufe zwischen Ober- und Unterlauf zum Betreiben ihrer Turbinen.

Information über die Sektion Weitwanderer des Oesterreichischen Alpenvereins

Der Oesterreichische Alpenverein (OeAV) nimmt sich in verstärktem Maße der Wanderer an, die ja mehr als 80 % seiner Mitglieder ausmachen. Im Zuge dieser Bestrebungen kam es am 17. Februar 1979 zur Gründung der Sektion Weitwanderer, die seither eine Sonderstellung im OeAV einnimmt. Sie ist nämlich die einzige **„überregionale"** Sektion, ihr Wirkungsbereich erstreckt sich auf ganz Österreich. Selbstverständlich ist sie – ebenso wie der Hauptverein – unpolitisch.

Die Sektion Weitwanderer hat folgende Aufgaben übernommen:

- Erfassung möglichst aller Weitwanderer.
- Versorgung der Mitglieder mit den neuesten Informationen auf dem Gebiet des Wanderns, insbesondere über Weit- und Fernwanderwege (vor allem durch die viermal pro Jahr erscheinenden „Mitteilungen" der Sektion).
- Organisation so genannter „Weitwanderertreffen", um einen persönlichen Kontakt der Wanderer untereinander sowie den Austausch von Informationen unter den Wanderern selbst zu ermöglichen.
- Abhaltung von Dia- und Videofilmvorträgen an verschiedenen Orten Österreichs über Weit- und Fernwanderwege (insbesondere im Rahmen der genannten Weitwanderertreffen).
- Beratung über Wanderrouten durch erfahrene und ortskundige Weitwanderer sowie Organisation von Touren auf Weitwanderwegen.
- Vermittlung von Kauf und Verkauf von Weitwanderführern und teilweise auch Herausgabe derselben. Bisher wurden die Führer über die Österreichischen Weitwanderwege 02 (3 Bände), 03, 04, 05, 07, 08, 09 und 10 im Eigenverlag heraus gebracht).
- Förderung von OeAV-Vertragshäusern.
- Betreuung und Instandhaltung der von der Sektion errichteten Carl-Hermann-Notunterkunft im Gleinalmgebiet, die mit AV-Schlüssel zugänglich ist.
- Offizielle Wandererbetreuung (Vergabe der Abzeichen und Urkunden, Auskunftserteilung) für **alle** zehn Österreichischen Weitwanderwege: Nordalpiner Weitwanderweg 01, Zentralalpiner Weitwanderweg 02, Süd-

alpiner Weitwanderweg 03, Voralpiner Weitwanderweg 04, Nord-Süd-Weitwanderweg 05, Mariazellerwege 06 (Pilgerwege nach Mariazell), Ostösterreichischer Grenzlandweg 07, Weitwanderweg 08 (Eisenwurzenweg), Salzsteig-Weitwanderweg 09, Ruperti-Weitwanderweg 10.

- Wandererbetreuung und z. T. Herausgabe von Führern im Eigenverlag für folgende Hauptwanderwege: Traisentaler Rundwanderweg 655, Weinviertelweg 632, Burgenland-Weitwanderweg, Großer Tullnerfelder Rundwanderweg 475/675 und Niederösterreichischer Landesrundwanderweg.
- Markierung und Instandhaltung (ca. 520 km) von Teilstrecken des Nord-Süd-Weitwanderweges 05 (Nebelstein – Schönbach), des Ostösterreichischen Grenzlandweges 07 (Retz – Rust/Neusiedler See), des Weinviertelweges 632 (Langenzersdorf – Mistelbach), des Großen Tullnerfelder Rundwanderweges 475/675 und des Niederösterreichischen Landesrundwanderweges (Haugsdorf – Hainburger Brücke). Weiters Zusatzmarkierung des Traisentaler Rundwanderweges 655.
- Der OeAV besteht derzeit aus 197 Sektionen mit über 360.000 Mitgliedern und besitzt 240 Schutzhütten.
- Moderater Mitgliedsbeitrag mit Ermäßigungen für Ehepartner, Junioren, Senioren und Erwerbslose; Kinder von Mitgliedern und in Berufsausbildung bis 27 Jahre sind beitragsfrei.
- Viele Hütten sind für Familienurlaube geeignet.
- Ermäßigungen bei der Nächtigung in AV-Hütten bis 50 Prozent.
- Gegenrecht auf Hütten anderer alpiner Vereine.
- Alpenvereins-Weltweit-Service: Bergungskosten, Rückholkosten, Auslandsspitalskosten und Sporthaftpflicht-Versicherung mit Rechtsschutz sind im Mitgliedsbeitrag inbegriffen.

Mit dem Alpenverein auf dem richtigen Weg!

Sie möchten mehr wissen? Die Mitteilungen der OeAV-Sektion Weitwanderer erscheinen viermal jährlich. Darin finden sich zahlreiche Informationen über Wander- und Radwege sowie Wanderveranstaltungen, wobei natürlich die Weitwanderwege einen Schwerpunkt bilden. Ferner finden Sie in unserer Homepage unter „Neues für Weitwanderer" entsprechende Informationen über Wegänderungen, die uns bekannt werden.

**Alle Fragen bezüglich der Österreichischen Weitwanderwege,
der Europäischen Fernwanderwege
und der Internationalen Fernwanderwege
sowie Wahrnehmungen über Wegverlegungen und Mängel
an Markierungen**

richten Sie bitte an die

**OeAV-Sektion Weitwanderer,
Thaliastraße 159/3/16, A-1160 Wien,
Telefon/Fax +43 1 493 84 08 oder 0664/2737242.
E-Mail: weitwanderer@sektion.alpenverein.at
Homepage: www.alpenverein.at/weitwanderer**

Kennen Sie die zehn überregionalen Österreichischen Weitwanderwege?

Österreichischer Weitwanderweg 01: „Nordalpenweg"
Rust am Neusiedler See – Bregenz, ca. 1000 km
Österreichischer Weitwanderweg 02: „Zentralalpenweg" Hainburg – Feldkirch, ca. 1200 km
Österreichischer Weitwanderweg 03: „Südalpenweg"
Bad Radkersburg – Sillian, ca. 480 km, bis Bozen sogar ca. 660 km
Österreichischer Weitwanderweg 04: „Voralpenweg"
Wien – Bad Reichenhall – Bregenz, ca. 870 km
Österreichischer Weitwanderweg 05: „Nord-Süd-Weitwanderweg"
Nebelstein im Waldviertel – Eibiswald, ca. 510 km
Österreichischer Weitwanderweg 06: „Pilgerwege nach Mariazell"
verbinden die Landeshauptstädte Klagenfurt, Graz, Eisenstadt, Wien, Linz, Salzburg und den Nebelstein (über St. Pölten) mit dem Gnadenort Mariazell, ca. 1400 km
Österreichischer Weitwanderweg 07: „Ostösterreichischer Grenzlandweg"
Nebelstein im Waldviertel – Bad Radkersburg, ca. 700 km
Österreichischer Weitwanderweg 08: „Eisenwurzenweg"
Rottal/Waldviertel – Gesäuse – Karawanken/Seebergsattel, ca. 580 km
Österreichischer Weitwanderweg 09: „Salzsteigweg"
Sternstein im Mühlviertel – Karawanken, ca. 430 km
Österreichischer Weitwanderweg 10: „Rupertiweg"
Bärenstein im Böhmerwald – Nassfeld in den Karnischen Alpen, ca. 560 km

Kennen Sie die Europäischen Fernwanderwege?

Durch die Europäische Wandervereinigung, die 50 Wander- und Bergsteigerorganisationen aus 28 Ländern Europas umfasst, wurden elf europäische Fernwanderwege geplant und zum Teil realisiert.

Europäischer Fernwanderweg E 1: Nordsee – Bodensee – St. Gotthard – Mittelmeer
Europäischer Fernwanderweg E 2: Holland – Mittelmeer
Europäischer Fernwanderweg E 3: Atlantik – Ardennen – Sudeten – Schwarzes Meer
Europäischer Fernwanderweg E 4: Gibraltar – Pyrenäen – Jura – Neusiedler See – Balaton – Rila – Kreta – Zypern
Europäischer Fernwanderweg E 5: Atlantik – Bodensee – Adria
Europäischer Fernwanderweg E 6: Ostsee – Wachau – Adria – Ägäis
Europäischer Fernwanderweg E 7: Atlantik – Pyrenäen – Gardasee – Schwarzes Meer
Europäischer Fernwanderweg E 8: Irische See – Rhein – Main – Donau – Karpaten
Europäischer Fernwanderweg E 9: Küstenweg Atlantik – Nordsee – Ostsee
Europäischer Fernwanderweg E 10: Ostsee – Böhmerwald – Mittelmeer
Europäischer Fernwanderweg E 11: Nordsee – Harz – Masuren

Empfehlenswerte Literatur über europäische Weit- bzw. Fernwanderwege

- „Vom Marienplatz zum Markusplatz“, auf dem Traumpfad von München nach Venedig (Verlag J. Berg, München)
- GR 5, „Route de Grande Randonnée“, Westalpenweg, vom Genfer See nach Niza (Verlag Conrad Stein)
- GR 20, „Route de Grande Randonnée“, Korsikaweg, vom Nordwesten nach Südosten durch das korsische Bergland (Verlag Fink, Kümmerly & Frey)
- Dolomitenweitwanderwege „Alte Vie delle Dolomiti“ (Rother Verlag)
- GTA, „Grande Traversata delle Alpi“, in einem großen Bogen durch die italienischen Westalpen vom Monte Rosa bis in die Nähe von Nizza (Rotpunkt Verlag)
- Weitwanderweg durch die Ligurischen Alpen, Anschluß an die GTA (Dokumentationszentrum des Ligurischen Handelstages Genova)

- GEA, „Grande Escursione Appeninnica" (Tamari-Verlag, Florenz)
- Slowenische Berg-Transversale, Maribor – Triglav – Koper (Diskarna Tomsic, Ljubljana 1979)
- Der Große Walserweg, Mittelberg/Kleinwalsertal – Zermatt (GeoCenter Stuttgart)
- Fernwanderweg E 5, Konstanz – Oberstdorf – Meran – Verona (Bergverlag Rother)
- Jakobswege, Österreich – Schweiz – Deutschland – Frankreich – Spanien – Tschechien (Verlage Tyrolia, Conrad Stein und Rother).

Kennen Sie die Internationalen Wanderwege?

Internationaler Wanderweg I 21: Sudeten – Alpen – Adria
Internationaler Wanderweg I 22: Oder – Thaya – Donau – Mur – Balaton
Internationaler Wanderweg I 23: Tschenstochau – Levoča – Mariazell

Literaturverzeichnis

Baumgartner Bernhard, Wandererlebnis Wallfahrerwege, Ost-Österreich, St. Pölten – Wien 1998

Die Alpenvereinshütten, Müchen 2005, Bergverlag Rother

Dehio-Handbuch Wien, Niederösterreich, Burgenland, Oberösterreich, Kärnten, Steiermark, Salzburg

Heitzmann/Buchenauer, Wanderungen in Kärnten, München 1994

Hermann Carl, Der Weg ist das Ziel, Graz 1977

Käfer/Eigenthaler, Nord-Süd-Weitwanderweg 05, 2009, Eigenverlag OeAV-Sektion Weitwanderer

Hödl Hans, Wandererlebnis Wiener Hausberge, St. Pölten – Wien 1999

Knoll Helmfried, Wandererlebnis Fischbacher Alpen, St. Pölten – Wien 1996

Kölbl Alfred, Wunderbar wanderbar, Wien 1996

Lukan Karl, Das Voralpenbuch, Wien 1995

Reclams Kunstführer

Szépfalusi Csaba, Wanderparadies Niederösterreich, Wien 1999

Wolkinger Franz, Der Schöckl, Graz 2001

Wenzel Walter, Die Schutzhütten und Aussichtswarten des Österreichischen Touristenklubs, Wien 1994

Käfer/Eigenthaler, Voralpenweg 04, 2008, Eigenverlag OeAV-Sektion Weitwanderer

Wurst/Rachoy/Messeritsch, Vom Neusiedlersee zum Bodensee, Graz 2001

Wurst/Rachoy/Hödl, Auf Österreichs großen Wegen, Graz 1991

Käfer/Eigenthaler, Eisenwurzenweg 08, 2008, Eigenverlag OeAV-Sektion Weitwanderer

Mariazell

Wallfahrtsort, 1266 erwähnt; schon 1342 zum Markt erhoben, seit 1948 Stadt. In der Mitte des Ortes Wallfahrtskirche und neuzeitlich geregelter Rechteckplatz. Vom Häuserbestand des 17. und 18. Jahrhunderts wenig erhalten; es dominieren Bauten vom Ende des 19. und Anfang des 20. Jahrhunderts.

Mariazell ist der bedeutendste Wallfahrtsort nicht nur des heutigen, sondern auch des alten kaiserlichen Österreichs, ja einer der größten Wallfahrtsorte des Abendlandes. Und wenn Mariazell auch nicht zu den ältesten Gnadenorten Österreichs gehört, so reicht es doch 800 Jahre zurück und hat in dieser Zeit seinen Ruf und Ruhm dauernd bewahrt.

Der noch legendenhaften Gründung durch einen Mönch von St. Lambrecht 1157 folgte um 1200 der Bau einer romanischen Kirche, den die Überlieferung mit der Heilung des Markgrafen Heinrich I. von Mähren und seiner Gattin in Verbindung bringt. Um 1340 wurde an diesen Bau ein gotischer Chor angefügt, für den Herzog Albrecht 1342 einen Marienaltar stiftete. Der Neubau des Schiffs als gotische Halle (1380–96) wird mit den großen Weihegeschenken in Verbindung gebracht, die König Ludwig von Ungarn nach einem Sieg über die Türken (1377) überbringen ließ. Markgraf Heinrich und König Ludwig sind jedenfalls von altersher als Stifter der Kirche verehrt worden: Schon auf dem unteren Relief im Tympanon des Hauptportals (um 1400) knien sie zu Seiten der Schutzmantelmaria; die lebensgroßen Bleistatuen vor dem Portal (1757) zeigen sie wieder. Von Anfang an aber war der Ort dem Benediktinerstift St. Lambrecht einverleibt, das schon im 12. Jahrhundert hier eine „cella", ein Tochterklösterchen, zur Pflege seiner ausgedehnten Besitzungen errichtet hatte.

Mit dem Ausbau der gotischen Halle, an die schließlich (um 1430 bis 1440) der gotische Turm angebaut wurde, der urspünglich mit reichem Zierat und durchbrochenem Steinhelm aufragte, war den Ansprüchen zunächst Genüge getan, um so mehr, als die Türkenkriege und die bald darauf einsetzenden Religionswirren dem Wallfahrtswesen nicht günstig waren. Der Sieg der Gegenreformation brachte aber einen neuen Aufstieg, der alles bisherige überbot. Denn die Mitglieder des Kaiserhauses und der hohe Adel traten nun an die Spitze der Verehrer und Förderer, ja im 17. Jahrhundert war Mariazell geradezu zum Reichsheiligtum geworden: Jeder Krieg und jeder Sieg war mit dem Gnadenort verknüpft; aus ganz Mitteleuropa strömten die Gläubigen herzu; im Jubeljahre 1757 besuchten 373.000 Pilger den Wallfahrtsort.

Pfarr- und Wallfahrtskirche Mariä Geburt: Basilika minor seit 1907. Durchgreifender Umbau sowie Vergrößerung nach Osten 1644–1683 unter Abt Benedikt Pierin (1638–1662) durch den stiftischen Hofbaumeister Domenico Sciassia († 1679). Neuweihe 1704. Brand 1827. Renoviert 1862–1865, 1898–1899, restauriert 1927–1933 (gotischer Turm), 1954–1957, 1977–1980 (Seitentürme). Vom gotischen Bau sind der Mittelturm sowie das barock ummantelte und durch Seitenkapellen erweiterte Langhaus erhalten. 1654 Abbruch des gotischen Chores. Langhaus dreischiffig, fünfjochig; seitlich barocke Kapellenanbauten mit darüberliegenden Emporengängen bewirken eine optische Raumerweiterung. Von ungewöhnlichem Gepräge die dreitürmige Westfront, wobei dieses Turmjoch über die Langhausbreite vortritt. In der Mitte 90 m hoher gotischer Turm über quadratischem Grundriss, Obergeschoß in Achteckform übergehend, an den Seiten vortretende Strebepfeiler, die in Filialen übergehen. Großes gestuftes Spitzbogenportal Ende 14. Jahrhundert.
Darstellungen auf die ältere Wallfahrtsgeschichte bezüglich, von Abt Heinrich Moyker (1419–1455), hl. Wenzel mit mährischem Markgrafenpaar, Schutzmantelmadonna, König Ludwig von Ungarn mit Votivbild, Reiterschlacht, Teufelsaustreibung, entstanden um 1438. Über dem Portal großes 1864 regotisiertes Spitzbogenfenster.
Die seitlichen zweigeschossigen barocken Türme von Domenico Sciassia erbaut, durch die Wohlabgewogenheit der Proportionen ein annähernd einheitlicher Zusammenschluss der stilfremden Bauteile erzielt (ursprünglich hatte Sciassia auch die barocke Umgestaltung des mittleren Turmes geplant).
Der gesamte Innenraum mit reicher Stuckdekoration verschiedener Meister ausgestaltet. Im Langhaus, dessen Seitenkapellen und Emporen war Matthias Camin tätig. Der Stuck der Fensterlaibungen des Chores stammt von Domenico Boscho und Francesco Casagrande 1703.
Deckenbilder im Westteil von Georg Hausen, 1649–1680, Wand- und Deckengemälde der Sakristeien 1664–1665 von Giovanni Battista Colombo, der bis 1676 auch im übrigen Neubau malte. Die Malereien der Kuppel nach Brand von 1827 im Jahre 1829 gemalt. 1954–1955 wurde der gesamte Wandmalereibestand restauriert und Übermalungen des 19. Jahrhunderts abgenommen.

Gnadenkapelle im östlichen Mittelschiffjoch. Rotmarmorbau über trapezförmigem Grundriss; vermutlich Rest eines zum ehemaligen Lettner gehörigen gotischen Altarziboriums, das um 1653 zu einer Kapelle umgestaltet und zuoberst mit einem barocken Kranzgesims versehen wurde. Im Bogenfeld

Sandsteinkonsole mit den Bildnisbüsten des ungarischen Königs Ludwig I. und seiner Gemahlin Elisabeth, um 1369. Silbernes Abschlussgitter, von Kaiserin Maria Theresia und ihrem Gemahl Franz I. gestiftet, 1756 von den Wiener Goldschmieden Joseph Würth und Joseph Moser angefertigt. Gnadenaltar, kuppelbekrönter Altartabernakel, nach Entwurf von Josef Emanuel Fischer von Erlach, durch den Augsburger Goldschmied Philipp Jakob Drentwett 1727 in hervorragender Ausführung gearbeitet.

Gnadenbild, derbe frühgotische Schnitzfigur der thronenden Maria mit Kind, Spuren alter Bemalung, 2. Hälfte 13. Jahrhundert (stets bekleidet); Kronen von 1821.
Seitlich vor der Gnadenkapelle auf Marmorpostamenten, zwei lebensgroße ampelhaltende versilberte Holzengel von Franz Anton Zauner 1794, als Ersatz für die damals eingeschmolzenen Silberengel nach dem Modell des Lorenzo Mattielli von 1724.
Seitenkapellen des Langhauses, alle mit Schmiedeeisengittern, wohl meist von Blasius Lackner, um 1675. Altäre der Seitenkapellen wahrscheinlich nach Entwürfen des Domenico Sciassia, von Carlo Gianollo, ca. 1650–1680.
Hochaltar konkaver Säulenaltar mit offener Mitte sowie Wolkenglorie im Aufsatz, nach Entwurf von Johann Bernhard Fischer von Erlach 1700–1792 aus mehreren Marmorarten errichtet, eine der bedeutendsten Altarschöpfungen jener Zeit. Mittelgruppe Gottvater und Gekreuzigter, nach Modell von Lorenzo Mattielli 1722; Kreuzstamm aus Ebenholz, Muttergottes und hl. Johannes ehemals aus Silber, Augsburger Arbeiten, 1807 durch versilberte Holzstatuen ersetzt.
Über den Sakristeien die beiden Schatzkammern; am Eingang zur nördlichen gemalter Prospekt von 1764, mit König-Ludwig-Legende. In den Schränken und auf den Emporengängen eine große Anzahl von bedeutenden Votivgaben. Auch die Wandmalereien zeigen Wunderbegebenheiten.
Kirchhof von Mauer mit vier Eingängen umgeben.

Geistliches Haus (Pfarrhof): Mächtiger dreigeschoßiger Vierflügelbau im Kern 16. Jh; 1704–1709 in der bestehenden Form erbaut.

St. Michaels-Kapelle: Spätgotischer achtseitiger Karner, Ende 15. Jh. Beinhaus im Untergeschoß.

Josefskapelle auf dem P.-Abel-Platz, mit Steinstatue hl. Josef, am Sockel Reliefs Flucht nach Ägypten und Anbetung des Kindes, von Lorenzo Mattielli 1731.

Heiligenbrunn-Kapelle: 1711 erbaut, Rechteckbau mit Walmdach, Portal mit Dreieckgiebel, Tür mit Zugring. zweijochig, mit Spiegeldecke, umlaufendes Gesims auf flachen Pilastern, Decke zur Gänze freskiert.
Kreuzwegstationen Keramik, von Anna Heck 1954–1955, Kreuz 19. Jh.

15 Rosenkranzstationen am Weg nach St. Sebastian. Große Nischenbildstöcke, 1649–1669 von Domenico Sciassia erbaut, ursprünglich an der Straße, 1975–1980 versetzt und restauriert.

Im Text verwendete Abkürzungen:

AV	Alpenverein
bew.	bewirtschaftet
Bhf.	Bahnhof
E	Einkehrmöglichkeit
ehem.	ehemalige(r,s)
erb.	erbaut
EVG	Europäische Volkssport-Gemeinschaft
F&B	Freytag & Berndt
GH	Gasthaus, Gasthof, Gasthöfe
got.	gotisch
GI	Gästeinformation
Hl., hl.	heilig(e,r)
insg.	insgesamt
IVV	Internationaler Volkssport-verband
Jh.	Jahrhundert
K	Kontrollstelle
KGW	Kärntner Grenzweg
Min.	Minuten
N	Nächtigung
NÖ. LRWW	Niederösterreichischer Landesrundwanderweg
nördl.	nördlich, nördliche(m,n,r,s)
NSWW	Nord-Süd-Weitwanderweg
OeAV	Oesterreichischer Alpen-verein
OeAV-VH	OeAV-Vertragshaus
OG	Ortsgruppe
ÖVV	Österreichischer Volks-sportverband
ÖK	Österreichische Karte
östl.	östlich(e,n,r,s)
ÖTK	Österreichischer Touristenklub
rom.	romanisch
sog.	so genannte(n)
Std.	Stunde(n)
St. LRWW	Steirischer Landesrund-wanderweg
südl.	südlich, südliche(m,n,r,s)
TV	Tourismusverband
TVN	Touristenverein Natur-freunde
u.a.	unter anderem
urk.	urkundlich
VH	Vertragshaus
WH	Wirtshaus
westl.	westlich(e,r,s)
WK	Wanderkarte
WR	Winterraum, offen
z. T.	zum Teil
Tel.	Telefon

Weiten
Aggsbach
Weyersdorf
Karlstetten
Kleinhain
Kapelln
Herzogenburg
Schönbühel a.d.D.
625
Hohenegg
Nadling
Pottenbrunn
Leiben
Weiten-egg
Emmersdorf a.d.Donau
Klein-Pöchlarn
Melk
Mauer-b.Melk
Hafnerbach
Traisen
Perschling
Pöchlarn
234
Loosdf.
Prinzersdf.
ST. PÖLTEN
(271)
Markersdorf-a.d.Pielach
Zelking
Hiesberg
558
Schallaburg
Erlauf
Melk
413
Hürm
Harland
Pyhra
St. Georgen-a.Steinfelde
Ober-Grafendf.
Petzenkchn.
St.Leonhard-a.Forst
Ruprechtshfn.
Bischofstetten
Wald
655
Hege
608
Sierning
Pielach
Grünau
321
Wilhelmsburg
Michelb
401
Mank
Kilb
Hof-stetten
Rabenstein-a.d.Pielach
734
782
Oberndorf-a.d.Melk
Kirnbg.-a.d.Mank
Kaiserkogelht.
Stockerhtt.
Eschenau
Gölsen
Texing
Kirchberg-a.d.Pielach
Traisen
St.Veit-a.d.Gölsen
439
Bichlbg.
859
Tradigist
594
Plankenstein
844
Scheibbs
Lilienfeld
1104
Neustift
Loich
Schwarzwaldeckh.
Lilienfelder Htt.
Freiland
402
Kleinzell
Frankenfels
Hohenstein
Eisenstein
1185
J. Seitner Htt.
Lehenrotte
St.Anton-a.d.Jeßnitz
1399
Reisalpe
400
Schwarzenbach-a.d.Pielach
Halbach
Puchenstuben
Türnitz
1372
Türnitzer Höger
868
Hohenberg
Hegerbg.
1179
683
Rohr i.
Gösing-Mariazeller Bahn
Traisen
Kalte Kuchl
Tirolerkogel
Zdarskyhtt.
820
Annaberg
1377
Traisenberg
1230
Ötscher
1893
Wienerbruck
St. Aegyd-Neuwalde
1400
G. Sulzberg
Ulreichsberg
Gscheid
Kernhof
Obersberg
Schwarzau-i.Geb.
Gemeindealpe
1626
Mitterbach-a.Erlaufsee
690
Gippel
1669
1467
Erlaufsee
Zeller Rain
Göller
1766
Bürgeralpe
Lahnsattel
Mariazell
(868)
Terz
1015
Singerin
1639
Salza
1639
G.Zeller Hut
Hinternaßwald
Gußwerk
1539
Frein a.d.Mürz
Mürz
Donaulandhtt.
Habsburgh.
Greith
1699
Tonion
1574
Schneealpe
1903
Schneealpenh.
Zeller Staritzen
1619
Wegscheid
Niederalpl
1590
Krampen
Altenberg-a.d.Rax
2007
Neuberg
Karl-Ludwig

Der Wiener Mariazellerweg

Der Wiener Mariazellerweg:

Wien (Perchtoldsdorf) – Mariazell

1. Tagesetappe

Perchtoldsdorf (265 m, K) – Kammersteiner Hütte (582 m, K) – Sittendorf (370 m) – Heiligenkreuz (312 m, K) – Mayerling (326 m, K) – Maria Raisenmarkt (371 m) – Peilsteinhaus (716 m, K)

Weg 406, ca. 26 km, 6 1/2 Stunden, leichte Tour.

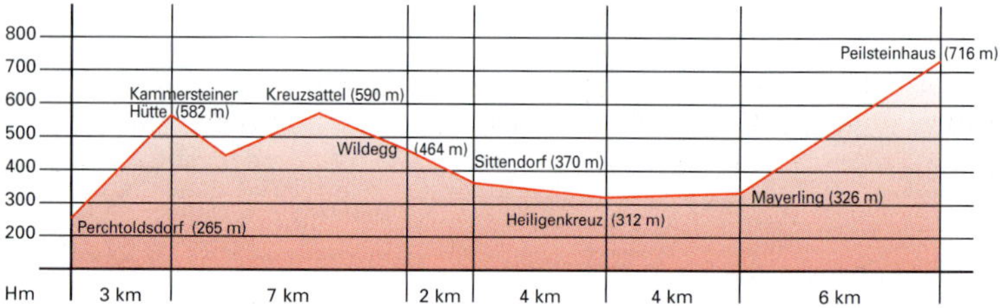

Zufahrt:

Mit der Straßenbahnlinie 60 bis Rodaun. Von Wien-Südbahnhof, Wien-Meidling oder Wr. Neustadt mit Schnellbahn nach Liesing und weiter mit Bus nach Perchtoldsdorf. Busverbindung von Liesing bzw. Baden nach Sittendorf, Heiligenkreuz und Mayerling.

Einkehr/Übernachtung/Kontrollstellen:

Perchtoldsdorf: „Alexander im Rathaus“, Marktplatz 10, A-2380 Perchtoldsdorf, Tel. 01/8659759, Sonntag Ruhetag (keine N), oder wahlweise Hotel-Café Landhaus Schindler, Marktplatz 21, A-2380 Perchtoldsdorf, Tel. 01/8691597, kein Ruhetag (N)

Kammersteiner Hütte: OeAV-Sektion Liesing-Perchtoldsdorf, Postfach 1000, A-2380 Perchtoldsdorf, Hütte: Tel. 02238/77392, ganzjährig bewirtschaftet, Montag, Dienstag Ruhetag (keine N), August geschlossen

Heiligenkreuz: Stiftsgaststätte Heiligenkreuz, A-2532 Heiligenkreuz bei Baden, Tel. 02258/8703-138 DW, kein Ruhetag (keine N)
Mayerling: Gasthof „Zum alten Jagdschloss" Filip Dujmovic, Mayerling 13, A-2534 Alland, Tel. 02258/2272, (N) oder Privatquartier Luise und Wilhelm Itzinger, Tel. 02258/2719, E-Mail: gaestehausitzinger@aon.at, Voranmeldung!
Peilsteinhaus: OeAV-Sektion ÖGV, Lerchenfelder Straße 28, A-1080 Wien, Tel. 01/4052657, Peilsteinhaus, A-2565 Neuhaus i. Triestingtal, Tel. 02674/87333 (N), Montag und Dienstag Ruhetag, Urlaubssperre Mitte Juli bis 2. Augustwoche

Karten:

ÖK 1:50.000, Blätter 57 (Neulengbach), 58 oder 3525 (Baden)
F&B Wanderkarte WK 011 (Wienerwald, Wanderatlas Wienerwald)
Kompass Wanderkarte 209 (Wienerwald) oder 205 (Wien und Umgebung)

Info:

GI Perchtoldsdorf, Tel. 01/86683-0
Heiligenkreuz, Tel. 02258/8720
Hinterbrühl, Tel. 02236/26249-0

Wissenswert:

Perchtoldsdorf: Historischer Marktflecken und Weinbauort an der südlichen Stadtgrenze von Wien, am Ostabfall des Wienerwaldes. Beliebtes Ausflugsziel mit vielen Buschenschanken. Im Volksmund oft auch als „Petersdorf" bezeichnet. Altort an der Hochstraße nördlich der Burg und Kirche, Dreiecksplatz, erbaut um das Jahr 1000. Teile der mittelalterlichen Wehrmauern erhalten. Pfarrkirche St. Augustin, Pfarre seit 1216, Kirche war das Zentrum der befestigten Wehranlage der ehemaligen Herzogsburg (14. Jh.) mit dem freistehenden Wehrturm (15. Jh.), im Inneren großartige Raumwirkung, Ölberggruppe (15. Jh.) mit neugotischem Hochaltar. Rathaus (15. Jh.) mit gotischem Erker und interessantem Sitzungssaal. Hugo-Wolf-Haus, prunkvolle barocke Pestsäule auf dem Marktplatz mit Figuren von Johann Bernhard Fischer von Erlach. Viele Renaissancehäuser im Ort.

Heiligenkreuz: Sommerfrische mit ältestem Zisterzienserkloster Österreichs, in einem waldumschlossenen Talkessel des Wienerwaldes. Zisterzienserstift gegründet 1135 vom Babenberger Markgrafen Leopold III., dem Heiligen. Stiftskirche mit romanischem Langhaus (1135–1160), Westfassade um 1200. Maßwerkfenster und Glasmalereien. Bis zum 17. Jh. wegen der ungünstigen wirtschaftlichen Verhältnisse des Stiftes keine nennenswerten Neubauten. Ab 17. Jh. Anlage des neuen Stiftsgebäudes und des Gastflügels (1641–1674). Altarbilder von J. M. Rottmayer und M. Altomonte, Hochaltar von Domenico Avancano, Chorgestühl von Rueff und Giovanni Giuliani. Wappensteine, Kreuzkapelle, ehemaliger Karner. Kreuzgang um 1220–1250, frühgotisches Brunnenhaus, Grabstein des letzten Babenbergers Friedrich II. des Streitbaren, im Kapitelsaal. Gemäldegalerie, Handschriften 11. bis 13. Jh. Im Hof Dreifaltigkeitssäule (1739) und Josefsbrunnen (1739) von Giuliani. Kalvarienberg außerhalb des Stiftes.

Mayerling: Karmeliterinnenkloster und ehemaliges Jagdschloss des Kronprinzen Rudolf von Österreich (gest. 1889), in dem eine Kapelle zur Erinnerung an das tragische Ende des Prinzen eingerichtet wurde.

Maria Raisenmarkt: Sommerfrische, spätbarocke Pfarrkirche, Arnsteinhöhlen mit Ruine Arnstein aus dem 16. Jh.

Der Weg:

Wanderer, die diesen Weg in Angriff nehmen, können von jedem beliebigen Wiener Bahnhof aus einen U-Bahn-Knoten erreichen, um mit der Linie U4 in den 13. Wiener Gemeindebezirk zur Kennedy-Brücke und von hier aus mit der Straßenbahnlinie 60 bis zur Endhaltestelle Rodaun zu fahren.
Alternativ dazu ist mit den U-Bahn-Linien U1, U3 oder U4 von den Wiener Bahnhöfen aus der 1. Bezirk erreichbar, wo nach ausgiebiger Stadtbesichtigung auch die Wanderung zu Fuß vom Stephansplatz aus durch die Kärntner Straße, Opernpassage, den Naschmarkt, die Linke Wienzeile, vorbei am Schloss Schönbrunn, begonnen werden kann, um immer entlang der Linie U4 schließlich ebenfalls bei der Kennedy-Brücke einzutreffen und von hier weiter die Straßenbahnlinie 60 nach Rodaun zu benützen.
Anschließend wandern wir von der Endhaltestelle der Linie 60 durch die Beethovenstraße, übersetzen die Straße Brunn am Gebirge – Rodaun, das Gleis der Kaltenleutgebener Bahn, durch die Bahngasse und gelangen links einbiegend durch die Hochstraße zum eigentlichen Ausgangspunkt des Wie-

ner Mariazellerweges, zum Marktplatz von Perchtoldsdorf und dem durch Carl Hermann errichteten Weitwanderstein (Ausgangspunkt der österreichischen Weitwanderwege 01 [Führer im Verlag Styria] und 04 (Eigenverlag Sektion Weitwanderer). Die Wege 01 und 04 sind mit dem Europäischen Fernwanderweg 4 identisch).
Den ersten Kontrollstempel können wir entweder im Rathauskeller oder im Hotelrestaurant „Landhaus Schindler" einholen.
Gehzeit: Straßenbahnlinie 60 – Marktplatz 1/4 Stunde

Vom Carl-Hermann-Weitwanderstein (gegenüber der Kirche auf dem Marktplatz) beginnen wir unsere Wanderung der rot-weiß-roten Markierung folgend in der Hyrtlgasse, gehen durch den Pegrischpark leicht bergan, dann durch die Hyrtlallee und verlassen diese beim Haus Nr. 29 den Markierungen der Wege 01, 04 und 06 folgend in den Wald. Wir gehen auf dem Forstweg und verlassen diesen bei einer großen Kehre nach links. Später, steiler werdend, steigen wir bergan zur Kammersteiner Hütte der OeAV-Sektion Liesing-Perchtoldsdorf. Unmittelbar neben der Hütte befindet sich die Josefswarte (errichtet von der OeAV-Sektion Österreichischer Gebirgsverein und vom Verschönerungsverein Perchtoldsdorf 1891).
Gehzeit: Marktplatz Perchtoldsdorf – Kammersteiner Hütte 1 Stunde

Nach Einholen des Kontrollstempels wandern wir hinunter zur Liechtenstein'schen Hochstraße (Forstweg, für den Autoverkehr gesperrt) und folgen dieser über die Kugelwiese (gleichnamiges Gasthaus mit Einkehrmöglichkeit). Kurz danach verlässt uns der Voralpine Weitwanderweg 04 nach links Richtung Wassergspreng. Wir aber bleiben auf der Hochstraße, gehen über die Seewiese (Gasthaus mit Einkehrmöglichkeit) und haben kurz vor Erreichen des Kreuzsattels die Möglichkeit, nach links einbiegend zum Höllenstein (645 m) und zum gleichnamigen Schutzhaus (N, E) zu gelangen. Unser Weg führt jedoch weiter zum Kreuzsattel, wo wir die Hochstraße nach links hinunter Richtung Sittendorf verlassen, um in der Folge in der Nähe von Schloss Wildegg vorbeizuziehen.
Gehzeit: Kammersteiner Hütte – Wildegg 1 1/4 Stunden

Wir folgen dem Fahrweg, der in die Zufahrtsstraße zum Schloss Wildegg einmündet, auf der wir nun bis Sittendorf weiterwandern. Wir stoßen auf die Straße Grub – Sparbach, der wir nach links folgen. Nach ca. 100 m biegen wir rechts in die Heiligenkreuzer Straße ein, übersetzen den Mödlinger Wildbach und verlassen die Heiligenkreuzerstraße beim Haus Nr. 146 nach rechts leicht bergan in den Wald. Bei einer Weggabelung unmittelbar nach einer Lichtung wählen wir den rechten Weg, um nach ca. 50 m wieder rechts und sofort danach wieder links abzubiegen. Vor uns gewahren wir die Ansiedlung Füllenberg. Diese lassen wir jedoch links liegen, wandern am Waldrand entlang und treffen auf einen von Füllenberg kommenden Fahrweg, den wir in Richtung Heiligenkreuz überschreiten, wo uns gleich danach wieder der Wald aufnimmt. Auf der Kuppe des Klosterberges (430 m) wandern wir geradeaus weiter hinunter zur Allander Autobahn und genießen beim Verlassen des Waldes bereits den schönen Blick auf Heiligenkreuz. Etwa 700 m links an der Autobahn Richtung Sparbach entlanggehend, unterschreiten wir die Autobahn in einem Durchlass und erreichen unmittelbar danach den Friedhof von Heiligenkreuz, wo die unglückliche Mary Vetsera ihre letzte Ruhestätte fand (Vetseragruft). Wir wandern am Friedhof vorbei durch eine Allee, welche in die Allanderstraße (Alland – Gaaden – Mödling) einmündet, in die wir nach rechts einbiegen und kurz darauf (Möglichkeit, den Kalvarienberg von Heiligenkreuz zu besuchen) in Heiligenkreuz eintreffen.
Gehzeit: Wildegg – Heiligenkreuz 1 1/2 Stunden

Variante A 1. Tagesetappe

Mödling (246 m, K) – Urlauberkreuz (300 m) – Seegrotte (242 m) – Gaaden (323 m, K) – Weißes Kreuz (440 m) – Heiligenkreuz (312 m)
Weg 06A, 18 km, 5 Stunden, leichte Tour.

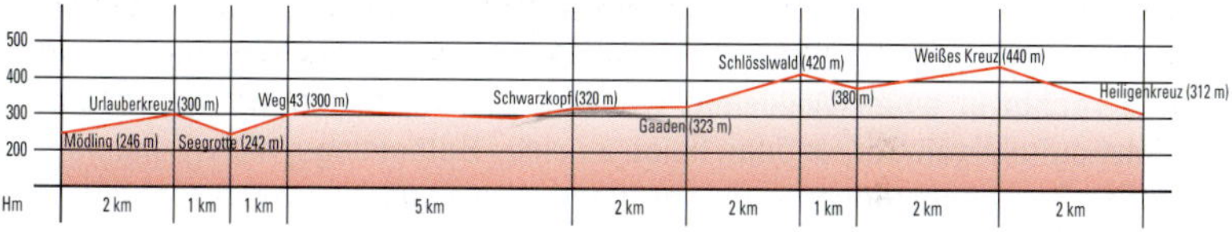

Zufahrt:

Busverbindung von Heiligenkreuz und Gaaden nach Mödling bzw. von Heiligenkreuz nach Baden. Bahnanschluss in Mödling und Baden.

Einkehr/Übernachtung:

Mödling: Pension Haus Schimek, Enzersdorfer Straße 58, A-2340 Mödling, Tel. 02236/21656, E-Mail: haus_schimek@aon.at
Gaaden: Gästehaus Schefberger, Anningerstraße 6, A-3760 Gaaden, Tel. 02237/7267 oder 0664/262 37 60

Karten:

ÖK 1:50.000, Blätter 58 und 5325 (Baden)
F&B Wanderkarte WK 011 (Wienerwald) und Wanderatlas „Wienerwald"
Kompass Wanderkarte 209 (Wienerwald) oder 205 (Wien und Umgebung)

Infos:

GI Mödling, Tel. 02236/26727, tourismus@moedling.at

Wissenswert:

Mödling: Alte Babenbergerstadt, bereits 907 erwähnt. Gotische St.-Othmar-Kirche (15. Jh.), Hochaltar (1760), romanischer Karner (13. Jh.), gotische St.-Ägyd-Kirche (15. Jh.), Rathaus Renaissancebau (1548), Herzogshof (15. Jh.). Beethoven schuf im Hafnerhaus 1818/1819 seine „Missa solemnis".
Gaaden: Ort am Fuße des Anningers. Pfarrkirche (1306), zwei Türme (18. Jh.), Hauptaltar (1700) von Giovanni Giulani; Raimund-Haus, 1833 entstand hier der „Verschwender".

Der Weg:

Der Mariazellerweg 06A nimmt seinen Ausgang bei der St.-Othmar-Kirche in Mödling. Von dort folgen wir dem „Mödlinger Rundwanderweg 448" bis zum Urlauberkreuz an der Straße Hinterbrühl – Maria Enzersdorf. Hier geht es links ein Stück bergab *(Wegweiser „Via Sacra Niederösterreich", die wir an den meisten Abzweigungen antreffen werden)* bis zur Ortstafel „Hinterbrühl", wo wir links abbiegen *(Ellehagenhaus)* und uns kurz darauf nach rechts in einen Waldsteig wenden. Diesem folgen wir geradeaus, zuletzt auf einigen Serpentinen hinab zu einer Betonstiege, die wir hinunter zur Straße gehen *(Seegrotte)*. Hier wenden wir uns kurz nach rechts und gleich wieder nach links über den Bach. Jenseits geht es rechts weiter, über die Straßenkreuzung *(Weg Nr. 41)*, bis zur Regenhartsstraße und hier kurz links zum Bahnplatz *(Haus Nr. 4)*. An einem Bildstock vorbei die Steintreppe hoch, schräg über die Straße zu einer weiteren Steintreppe, die zu einer Wiese führt, über die wir den Waldrand erreichen, wo wir auf dem Weg nach rechts weiterwandern *(Wege Nr. 43 und 3)*. Wir folgen dem Weg bis an sein Ende, wo es rechts *(Rudolf-Schwarz-Promenade)* hinab zur Straße geht. Auf der gegenüberliegenden Straßenseite benützen wir den Gehsteig und folgen ihm nach links bis zum Restaurant „Höldrichsmühle" *(etwa 1 ¾ Stunden. ab Mödling)*.

Gegenüber dem Restaurant wenden wir uns dem Stefanieweg zu *(Transformatorhäuschen)*, dem wir in den Wald *(rechts)* folgen. Den Steig immer geradeaus weiter *(Markierung weiß-grün-weiß und gelb-rot)*, bis wir in etwa 45 Min. ganz nahe an die Gaadner Straße *(Schranken)* herankommen. Wir behalten jedoch unsere Richtung geradeaus und bergan bei *(Hochstand)*, um nach weiteren 15 Min. letztlich die Gaadner Straße zu erreichen *(ehem. Lackfabrik, Bushaltestelle)*. Auf der Straße wenden wir uns nach links und gehen weiter bis zu einigen Hinweistafeln. Hier halten wir uns rechts über die

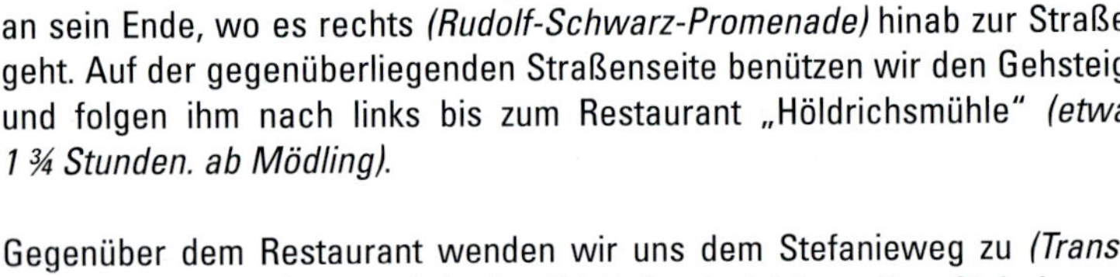

Mödlingbachbrücke. Unmittelbar danach gewahren wir unsere Markierung in der Nähe des Wirtschaftshofes Gaaden. Nun weiter dem Weg links folgen bis zu einem Kreuz, wo der Weg als „Via Sacra Rundwanderweg“ nach rechts hinauf zu einem Forstweg strebt, dem nach links gefolgt wird *(Weg Nr. 43)*. Anschließend kommen wir in einem großen Linksbogen an den westl. Ortsrand von Gaaden.
Gehzeit: Mödling – Gaaden 3 ¼ Stunden

Wir übersetzen schräg nach rechts die Sittendorfer Straße und wandern in der Blindgasse hinauf zu einem Fahrweg, dem wir nach links folgen, und halten uns in der folgenden Straße Gaaden – Heiligenkreuz wieder nach links hinab zur Kirche. Dort wird kurz die Schlöglgasse begangen, jedoch gleich wieder nach rechts *(grüne und blaue Pfeilmarkierung)* auf einen Wiesenweg abgebogen und der Mödlingbach übersetzt. Ausgeprägte Wegspuren in der Wiese lassen uns einen Schotterweg erreichen, dem geradeaus gefolgt wird. In einer Kehre *(einzeln stehende Föhre)* verlassen wir den Weg schräg hinauf in den Wald *(das Wasserreservoir bleibt rechts liegen)*. Ziemlich steil bringt uns der Weg in den Schlösslwald *(Markierung blau und blau-weiß-rot)* und hinauf zu einem Bildbaum mit Kruzifix, wo es flach zu einem Forstweg weitergeht, in den links eingebogen wird.

Bei der folgenden Querstraße halten wir uns nach links, kurz darauf nach rechts zu einem schönen Holzkreuz auf dem „Ausjagdboden“. Den hier verlaufenden Steig wandern wir entlang zu einer weiteren Forststraße, wo wir uns nach rechts wenden *(Wegweiser Heiligenkreuz – Hafnerberg)*. Wir behalten unsere Gehrichtung auf dieser Straße bis zu einer großen Kreuzung bei, wo mehrere Wege aufeinandertreffen. Hier wenden wir uns nach links und gleich wieder rechts in den Weg 42 *(Markierung gelb und rot-weiß-rot)*, der uns hinauf zum „Weißen Kreuz“ bringt. Nun beginnt der Weg stark zu fallen *(der linker Hand verlaufende Fahrweg bleibt unberücksichtigt)*, wir halten uns rechts neben der abgeholzten Fläche hinab und sehen bald einen Schranken vor uns, den wir umgehen. So erreichen wir den „Siegenfeldweg“, der in die Straße Heiligenkreuz – Mödling mündet. Diese Straße gehen wir hinunter und treffen bald auf den von Perchtoldsdorf herüberführenden Mariazellerweg 06. Weiter auf der Straße hinab zum Stift *(wir können dieses aber auch über den Kreuzweg erreichen)* und „Badener Tor“.
Gehzeit: Gaaden – Heiligenkreuz 1 ¾ Stunden

Nach einer ausgiebigen Besichtigungstour durch das Stift Heiligenkreuz verlassen wir dieses durch das „Badener Tor“ und übersetzen den Sattelbach, um kurz darauf der lokalen Markierung Nr. 42 nach links über zahlreiche Stufen aufwärts zu folgen. (Unsere Begleiter sind weiterhin der Nordalpine Weitwanderweg 01 und die Rax-Schneeberg-Variante des Niederösterreichischen Landesrundwanderweges.) Wir gelangen zur Allander Bundesstraße, übersetzen diese und gehen vorerst nochmals über Stufen und sodann über eine Wiese wieder zur vorgenannten Straße. Unser Weg folgt nun im Wesentlichen der Straße rechts entlang durch jungen Mischwald (lokale Markierung Nr. 42), übersetzt nach ca. 15 Min. Gehzeit auf der Anhöhe diese Straße, folgt der Markierung weiter auf schönem Wanderweg durch Wald hinab zur Straße Mayerling – Alland, um uns schließlich nach Mayerling zur Kontrollstelle Dujmovic („Zum alten Jagdschloss“) zu bringen.
Gehzeit: Heiligenkreuz – Mayerling 3/4 Stunden

Nach der Einholung des Kontrollstempels benützen wir ein kurzes Stück die Bundesstraße Baden – Alland, um sie nach ca. 50 m dem Wegweiser nach Maria Raisenmarkt folgend zu verlassen. Die Schwechat wird übersetzt, am Ortsende von Mayerling verlassen wir die Straße Mayerling – Maria Raisenmarkt nach rechts, um unmittelbar darauf – bei einem Bildstock – gleich wieder nach links abzubiegen. Über Untermayerhof wandern wir weiter, übersetzen den Groisbach, wandern nach rechts einen Wiesenhang hinauf und gehen auf einem Wiesenweg bis nach Maria Raisenmarkt.
Gehzeit: Mayerling – Maria Raisenmarkt 3/4 Stunden

Hier halten wir uns nach rechts, gelangen auf eine Forststraße und biegen kurz darauf, den Richtungspfeilen folgend, nach links bergan in den Wald ein. Nach ca. 15 Minuten Gehzeit folgt unser Weg dem Nordalpinen Weitwanderweg 01 (E4) und der Alternativ-Variante des NÖ-Landesrundwanderweges nach links bergauf zum Peilsteinhaus, wo genächtigt wird. Unser Mariazellerweg verläuft geradeaus nach Holzschlag weiter und wird von jenen Wanderern benützt, die in Kleinmariazell nächtigen möchten.
Gehzeit: Maria Raisenmarkt – Peilsteinhaus 1 Stunde

2. Tagesetappe

Peilsteinhaus (716 m, K) – Hafnerberg (478 m) – Kleinmariazell (432 m, K) – Markt Kaumberg (494 m, K)
Weg 406, ca. 22 km, 5 3/4 Stunden, leichte Tour.

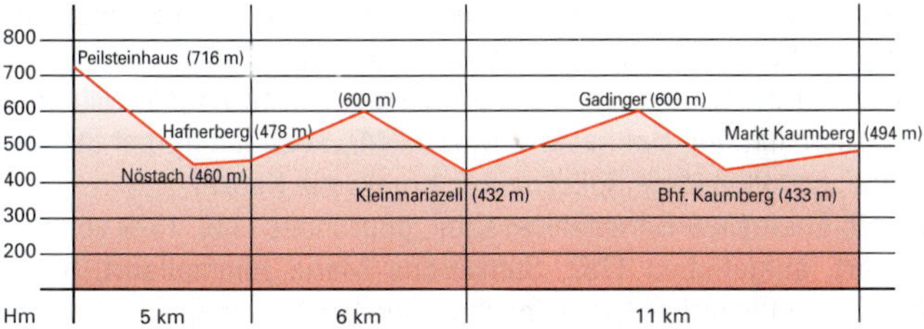

Zufahrt:

Busverbindung von Wien nach Mariazell über Hafnerberg und Kaumberg. Bahnverbindung von Leobersdorf (Südbahn) nach Kaumberg.

Einkehr/Übernachtung/Kontrollstellen:

Nöstach: Gasthaus „Grüner Baum" Höllerer, Nöstach 71, 2571 Altenmarkt, Tel. 02673/2247, Dienstag, Mittwoch Ruhetag (N trotzdem möglich).

Hafnerberg: Gasthaus „Zum Kleinen Semmering" Fam. Schöbinger, A-2571 Hafnerberg Nr. 15, Tel. 02673/2275, Montag, Dienstag Ruhetag (keine N)
Bauernhof Josef Daxböck, A-2571 Hafnerberg Nr. 18, Tel. 02673/2111 (nur N)

Kleinmariazell: „Kirchenwirt", Fam. Harald Brunner, Kleinmariazell 3, A-2571 Altenmarkt, Tel. 02673/24052, Montag Ruhetag (N)

Markt Kaumberg: Gasthof Kirchenwirt und Imbissstube „Schmankerlecke", Walter Halbwax, A-2572 Kaumberg 4, Tel. 02765/229, Mittwoch Nachmittag geschlossen (N) oder

Pension „Zum Schwarzen Bären", Johann Kahrer, Markt 29, A-2572 Kaumberg, Tel. 02765/202 oder 0664/9206225 (N)

Karten:

ÖK 1:50.000, Blatt 57 und 4330 (Neulengbach) bzw. 5325 (Baden)
F&B Wanderkarte WK 011 (Wienerwald)
Kompass Wanderkarte 209 (Wienerwald) oder 205 (Wien und Umgebung)

Info:

GI Altenmarkt an der Triesting, Tel. 02673/2200
Kaumberg, Tel. 02765/282

Wissenswert:

Hafnerberg: Wallfahrtsort seit 1653, „Unserer Lieben Frau" gewidmet. Auf einer mit Wiesen bedeckten Hochfläche gelegen. Wallfahrtskirche Hafnerberg erbaut unter Abt Ildefons von Mariagetta. Fresken von J. Ignaz Mildorfer (1743–1748), Hochaltar von Balthasar F. Moll (1744), Seitenaltäre mit Statuen von Schönlaub, geschmiedete Rokokogitter, prunkvolle Kanzel.
Kleinmariazell: Ehemalige Benediktinerabtei, gegründet 1136, 1529 von den Türken zerstört, aufgehoben 1782. Stiftskirche Mariä Himmelfahrt, romanische päpstliche Pfeilerbasilika (12. Jh.), zwei spätromanische Portale, Fresken von Johann Bergl, Taufkapelle unter dem Turm mit spätromanischem Dreisäulenportal (1250), reiche Rokokoausstattung, Chorgestühl (17. Jh.).
Markt Kaumberg: Markt und Sommerfrische im Triestingtal, an der Eisenbahnlinie Leobersdorf – St. Pölten gelegen. Pfarrkirche hochgotischer Chor (14. Jh.), spätgotisches Langhaus, Hochaltar 18. Jh. Grabsteine um 1600.

Der Weg:

Vom Peilsteinhaus wandern wir auf der Trasse des Voralpenweges 04 (der uns bis Hafnerberg begleitet) weiter ein kurzes Stück zurück Richtung Holzschlag, wo wir wieder auf die von Maria Raisenmarkt herüberführende Route unseres Mariazellerweges treffen. *Von Holzschlag verläuft in südl. Richtung ein als „Wiener Wallfahrerweg" bezeichneter Weg über das Peilsteinhaus nach Neuhaus und Weissenbach an der Triesting sowie weiter über Niemtal bzw. Maierhof nach Schromenau. Hier Wegteilung: rechts über Furth (siehe Seite 41) oder links auf der Straße in den Steinwandgraben zu den GH „Jagasitz" und „Karnerwirt". Über Thal und Lamweg führt von dort die Route hinauf zum Unterberghaus.*
Bei einem schönen Bildstock weisen unsere Marken nach links, wir wandern durch den Wald hinunter nach Nöstach zur Straße Neuhaus – Groisbach, schwenken in diese nach rechts ein, um nach ca. 150 m auf einen Fahrweg nach links Richtung Hafnerberg einzubiegen. Hier besteht die Möglichkeit, vor dem Schwenk geradeaus nach Nöstach weiter zu gehen, um hier im GH „Grüner Baum" zu nächtigen. Ansonsten übersetzen wir hier den Nöstachbach und gehen am Gehöft Daxböck vorbei hinauf zur Straße Alland

– Altenmarkt a. d. Tr., wenden uns hier nach links, um nach ca. 10 Minuten in Hafnerberg einzutreffen. Hier sind mehrere Gasthöfe zur Einkehr vorhanden, Nächtigungsmöglichkeit besteht jedoch nur im vorgenannten Bauernhof Josef Daxböck.

Gehzeit: Peilsteinhaus – Hafnerberg 1 1/4 Stunden

Alternativ besteht von Hafnerberg aus die Möglichkeit, auf dem Voralpenweg 04 zunächst nach Altenmarkt zu wandern und über das Hocheck (1037 m) in den Bereich des Veiglkogels (808 m) zu gelangen, wo sich die beiden Wege 04 und 06 wieder vereinigen (Gehzeit: 4–5 Stunden).

Als weitere Alternative können wir auch einer mit Lokalmarkierungen und Weitwanderweg-Tafeln 06A bezeichneten neuen Wegvariante folgen, die im Ort Hafnerberg von der Hauptroute 06 abzweigt und einer blauen Markierung mit Hinweistafel „Tasshof" hinab zur Bundesstraße weist, wo wir uns im spitzen Winkel nach rechts wenden und zur ehemaligen Bahnhaltestelle Tasshof gelangen. Die Triesting und die Bahngleise werden übersetzt, wir folgen der blauen Markierung zur Eberbacher Höhe, wo ein von Wiener Wallfahrern errichtetes Holzkreuz steht. Von hier geht es hinab in den Ort Ebersbach, sodann links talaus und später rechts auf einer Forststraße bergauf, die wir vor Erreichen einer Anhöhe nach links verlassen. Hier endet die

blaue Bezeichnung, wir folgen nun der grünen Markierung hinab nach Furth und der Sackstraße in den Further Graben bis zur Staffbrücke. Nun wenden wir uns mit roter Markierung nach links in den Staffgraben, gelangen in den Talschluss, nehmen den Anstieg auf das Kieneck (1106 m) in Angriff und erreichen hier wieder die Hauptroute unseres Weges.
Gehzeit: Hafnerberg – Kieneck 5 1/2 Stunden

Auf dem Hauptweg verlassen wir bei der Wallfahrtskirche Hafnerberg die Straße und wenden uns nach rechts in den Wald, wandern durch einen wunderschönen Föhrenwald bergan auf eine Anhöhe und gehen vorbei am Gehöft Fuchsbauer. Weiter führt unser Weg zunächst auf einer Forststraße, von der wir bei der Ansiedlung „Am Berg" nach einem weiteren Gehöft links in einen Wiesen- bzw. Weideweg abzweigen. Gehzeit ca. 1/2 Std. ab Hafnerberg. Abwechselnd gehen wir über Wiesen und auf bequemen Waldwegen, vorbei an einer ehemaligen Viehtränke, wo wir uns halb links halten und in der Folge durch herrlichen Eichen- und Buchenwald wandern. Später steil bergab zu einem Forstweg, den Eisgrabenbach übersetzend, wo wir nach ca. 50 Schritten (vor einem Gehöft) rechts in einen Wiesenweg einschwenken. Ein Holzsteg lässt uns nochmals das Bächlein übersetzen, wir erreichen eine Forststraße, der wir ein kurzes Stück nach links folgen, um sie bald bei einer Kehre wiederum nach links in den Wald zu verlassen. (Zur Zeit der Begehung Markierungen auch in der Gegenrichtung angebracht!) Auf einer weiteren Forststraße nach links gelangen wir auf eine Anhöhe mit schönem Holzkreuz sowie mehreren Richtungspfeilen (Kleinmariazell, Hafnerberg, Nöstach und Amorbrünndl). Wir folgen dem Wegweiser nach Kleinmariazell zuerst auf dem Forstweg, den wir nach etwa 5 Minuten bei der ersten Kehre verlassen, um in ca. 15 Min. in Kleinmariazell einzutreffen.
Gehzeit: Hafnerberg – Kleinmariazell 1 1/4 Stunden

Nach Verlassen der Taverne gehen wir ein kurzes Stück die Straße zurück und biegen zwischen einem Holzkreuz und einem Bildstock mit hl. Nepomuk links Richtung St. Corona ein. Zunächst wandern wir leicht bergan durch eine herrliche Birkenallee auf eine Anhöhe und folgen dem Fahrweg entlang des Waldes und später in den Wald hinein. Nach kurzem Bergauf wandern wir zur Straße Altenmarkt – St. Corona, biegen nach rechts in Richtung St. Corona ein und verlassen die Straße nach gut 1 km beim Haus St. Corona Nr. 1 nach links, übersetzen auf einer Brücke den Coronabach und steigen

steil hinauf in den Wald. Bereits nach kurzem Anstieg wenden wir uns nach links und wandern mäßig steigend durch Wald, einen Hangweg entlang, halten uns später nach rechts wieder ziemlich steil bergauf bis zu einem Weidedurchlass. Wir gehen nach Westen (links) über die Wiese, queren einen Wiesenhang, wandern am Waldrand entlang, bis uns wieder der Wald aufnimmt. Bei einem gefassten Brunnen (Trinkmöglichkeit) wenden wir uns scharf links und gelangen anschließend auf einen breiteren Waldweg, in den wir abermals nach links einschwenken. Unmittelbar nach Verlassen des Waldes gehen wir in spitzem Winkel ein paar Schritte zurück und folgen einem Wiesenweg abwärts, den wir, vor einem Hochstand, dem Wegweiser nach Kaumberg folgend, über ein Feld verlassen, uns sodann am Waldrand entlang halten, um ziemlich am Ende des Feldes nach links hinunter in den Wald zu gehen. Wir wandern am Waldsaum, gehen über eine Wiese, kurz bergab, übersetzen auf einem Holzsteg ein Bächlein, kommen auf einen breiten Weg und in der Folge zum Gehöft „Fersengelder", übersetzen die Triesting, um auf der Straße Kaumberg – Obertriesting, in die wir nach links einbiegen, bis zum Bahnhof Kaumberg weiterzuwandern.
Gehzeit: Kleinmariazell – Bahnhof Kaumberg 2 1/2 Stunden

Nach Übersetzen der Gleise (Bahnlinie Leobersdorf – St. Pölten) gelangen wir auf die Bundesstraße 18 (Altenmarkt – Kaumberg), wo wir uns nach rechts, Richtung Kaumberg, wenden. Wir gehen bis zum Gasthof Schöbinger, an dessen gegenüberliegender Seite Stufen hinunter zum Kaumbergbach führen, den wir auf einem Holzsteg übersetzen, und hinauf in den Wald, geradeaus über eine Wiese und abermals in den Wald auf eine Anhöhe. Bei einem Zaun wenden wir uns, der Markierung entsprechend, nach rechts und wandern wenig später auf dem örtlichen Promenadeweg, vorbei am Roten Kreuz, hinunter in den Markt Kaumberg. Wir folgen dem Hinweisschild „Heimatmuseum" und nach rechts zur Kontrollstelle „Imbissstube Halbwax" oder – gegenüber – wahlweise zur Kontrollstelle „Zum Schwarzen Bären". In Kaumberg treffen wir auf den Waldmarkweg 622, der mit unserem Weg bis zum Unterberg auf gleicher Route führt.
Gehzeit: Bahnhof Kaumberg – Markt Kaumberg 3/4 Stunden

3. Tagesetappe

Markt Kaumberg (494 m, K) – Ruine Araburg (799 m) – Kieneck (1106 m, K) – Unterbergschutzhaus (1187 m, K)
Weg 206, ca. 18 km, 5 1/2 Stunden, leichte bis mittlere Tour.

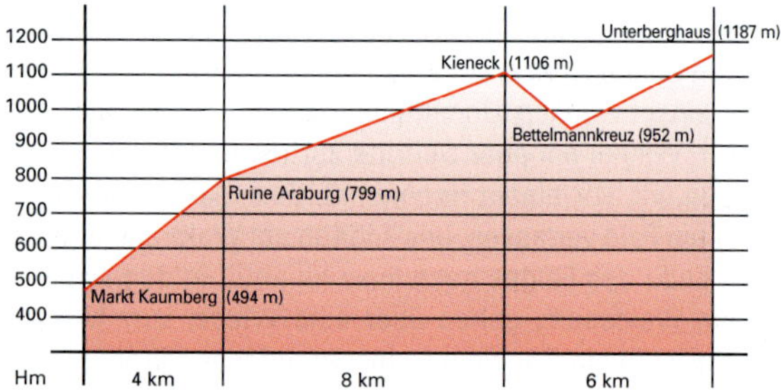

Zufahrt:

Siehe 2. Tagesetappe.

Einkehr/Übernachtung/Kontrollstellen:

Kieneck: OeAV-Sektion Enzian, Hauptstraße 3, A-2371 Hinterbrühl, Tel. 02236/24656; Enzianhütte, Tel. 0676/78 29 081, bewirtschaftet Anfang April bis Mitte November, Montag Ruhetag (N), Winterraum offen (Notunterkunft)

Unterberg: ÖTK, Bäckerstraße 16, 1010 Wien, Tel. 01/512 3844, Unterberg-Schutzhaus, Thal 38, A-2763 Muggendorf, Tel. 02632/74190 (N), durchgehend bewirtschaftet, November geschlossen

Karten:

ÖK 1:50.000, Blätter 57 und 4330 (Neulengbach), 75 (Puchberg am Schneeberg), 74 (Hohenberg) oder 4206 (Pernitz)

F&B Wanderkarten WK 011 (Wienerwald), WK 012 (Hohe Wand – Piestingtal – Gutensteiner Alpen)

Kompass Wanderkarten 209 (Wienerwald), 210 (Wiener Hausberge), 205 (Wien und Umgebung)

Info:

GI Muggendorf, Tel. 02632/74330

Wissenswert:

Ruine Araburg: Um 1180 unter Wolgerus de Araperich erwähnt. Die Araburg ist heute die höchstgelegene Burgruine Niederösterreichs. Im Jahr 1625 kaufte das Stift Lilienfeld die Araburg und ist seit dieser Zeit Besitzer. Dem Besucher bietet sich ein herrlicher Rundblick von der Höhe des Berchfrits.

Der Weg:

Wir gehen nun ein Stück zurück zum Heimatmuseum, die Stufen der Pfarrgasse hinauf, links an der Pfarrkirche und am Friedhof vorbei, durch die Bergsiedlung, wo wir uns an deren Ende halb links auf einen Wiesenweg wenden. Am Gehöft Moarhof (Schaupp) vorbei bis zu einem Asphaltsträßchen, dem wir ein kurzes Stück nach rechts bis zum Parkplatz folgen. An einem Schranken vorbei in den Wald führt uns nun der Zubringerweg (einige Abschneider) zur Ruine Araburg (Gasthaus vor der Ruine, Betrieb von April bis Oktober, Dienstag, Mittwoch Ruhetag).

Gehzeit: Markt Kaumberg – Ruine Araburg 1 Stunde

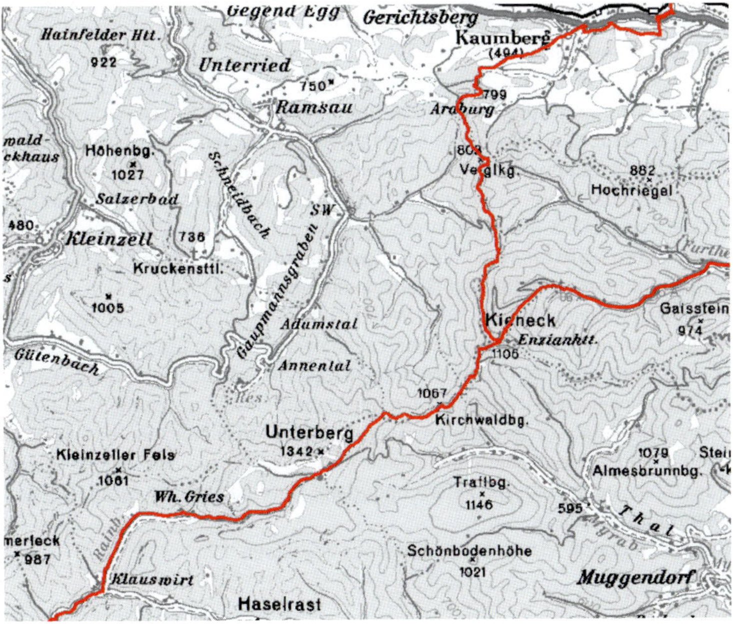

Von der Araburg führt ein als „Via Sacra" bezeichneter Weg in das Gölsen- und Traisental, der derzeit unter überwiegender Benützung von asphalierten Radwegen und Straßen über Hainfeld, St. Veit an der Gölsen, Traisen, Lilienfeld und Türnitz den Wanderer nach Annaberg bringt.

Die Araburg verlassen wir auf dem Ing.-Josef-Lux-Weg, um kurze Zeit später – bei einer Kreuzung – nach links abzuzweigen und geradeaus weiterzugehen. Etwa 15 Min. nach der Kreuzung zweigen wir rechts in einen Waldweg ab. Weitere 15 Min. später, im Bereich des Veiglkogels, stoßen wir – wie bereits erwähnt – auf den vom Hocheck herabführenden Voralpinen Weitwanderweg 04, der uns nun bis zum Unterberghaus begleiten wird. In stetem Bergauf und Bergab wandern wir nun genussvoll bis zum Fuß des Reingupf (1065 m), steigen ziemlich steil auf dessen Vorgipfel, halten uns jedoch vor dem Gipfel nach links und umgehen diesen an seinem Osthang. Die Überschreitung des Gipfels ist jedoch ohne weiteres möglich (rote Punktmarkierung). Das letzte Stück auf das Kieneck wieder steiler bergauf, zuletzt an einer kleinen Kapelle vorbei, um die auf dem Kieneck gelegene Enzianhütte (1106 m) zu erreichen.
Gehzeit: Ruine Araburg – Kieneck 2 1/2 Stunden

Wir verlassen nun die Enzianhütte und haben bereits unser nächstes Ziel – den Unterberg – vor Augen. Ab dem Kieneck begleitet uns nun auch der Piestingtaler Rundwanderweg 231. Wir gehen über eine Wiese bergab und genießen anschließend herrliche Tiefblicke in die Ramsau, sehen hinüber zur Reisalpe (1399 m), zum Unterberg (1341 m), zur Rax (2007 m) und zum Schneeberg (2076 m). Nun einen Hangweg bergan, dann durch Wald bergab zum so genannten Bettelmannkreuz. In stetem Auf und Ab auf aussichtsreichem Höhenweg gehen wir nach Westen und überwinden dann auf einer von rechts kommenden Forststraße noch einmal eine kräftige Steigung. Nachdem wir die Höhe erreicht haben, wird das Sträßchen ebener, mehrere Ski- und Lifttrassen mit ihren Gebäuden bleiben unberücksichtigt. Etwa 20 Minuten nach der ersten zu querenden Abfahrtstrasse erreichen wir das 1170 m hoch gelegene Unterbergschutzhaus des ÖTK (K), wo wir das herrliche Panorama ausgiebig genießen und dem Unterberggipfel einen Besuch abstatten können.
Gehzeit: Kieneck – Unterbergschutzhaus 2 Stunden

4. Tagesetappe

Unterbergschutzhaus (1187 m, K) – Rohr im Gebirge (683 m, K) – Kalte Kuchl (732 m, K) – St. Aegyd am Neuwalde (588 m, K)
Weg 206, ca. 30 km, 7 1/2 Stunden, leichte bis mittlere Tour.

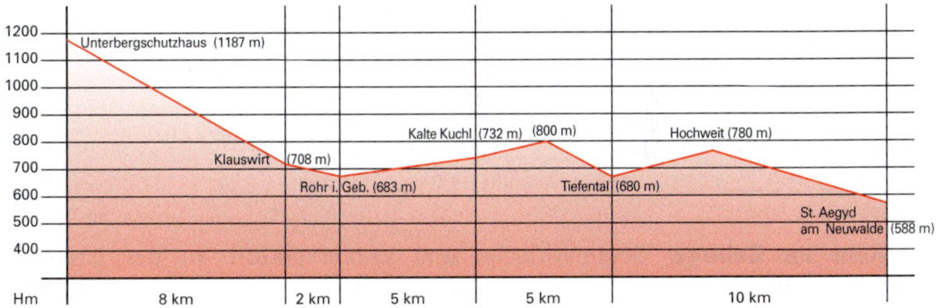

Zufahrt:

Bahnverbindung von St. Pölten (Westbahn) nach St. Aegyd am Neuwalde, Busverbindung von Wien nach Mariazell über Rohr im Gebirge, „Kalte Kuchl" und St. Aegyd am Neuwalde.

Einkehr/Übernachtung/Kontrollstellen:

Rohr im Gebirge: Hotel-Restaurant „Kaiser Franz-Josef", Familie Hans Bauer, Markt 2, A-2663 Rohr im Gebirge, Tel. 02667/8200, Fax: DW 94, www.kaiserfranzjosef.at, Montag und Dienstag Ruhetag, Mai bis September kein Ruhetag (N, Voranmeldung erbeten)

Kalte Kuchl: „Zur Kalten Kuchl", Elfriede Rieder, Kalte Kuchl, A-2663 Rohr im Gebirge, Tel. 02766/8522, kein Ruhetag (N)

St. Aegyd am Neuwalde: Gasthof „Zum Niederhaus", Markt 9, A-3193 St. Aegyd am Neuwalde, Tel. 02768/2212, Montag und Donnerstag Nachmittag geschlossen, oder
Café-Konditorei Max Vogelleitner, Markt 18, A-3193 St. Aegyd am Neuwalde, Tel. 02768/2230, Montag und Dienstag Nachmittag Ruhetag (N)

Karten:

ÖK 1:50.000, Blätter 73 (Türnitz), 74 (Hohenberg) oder 4206 (Pernitz) und 4205 (Sankt Aegyd am Neuwalde)
F&B Wanderkarte WK 012 (Hohe Wand – Piestingtal – Gutensteiner Alpen)
Kompass Wanderkarte 210 (Wiener Hausberge)

Info:

GI Rohr im Gebirge, Tel. 02667/8201
St. Aegyd am Neuwalde, Tel. 02768/2290, Fax: 02768/2270

Wissenswert:

Rohr im Gebirge: Sommerfrische und Wintersportort an der oberen Schwarza.

St. Aegyd am Neuwalde: Waldreichste Gemeinde Niederösterreichs und drittwaldreichste Österreichs. Sommerfrische und Wintersportort im Quellgebiet der Traisen, Pfarrkirche hl. Aegydius, Chor und Sakristei gotisch (14. Jh.), Turm an der Nordseite des Altars, Kapelle und Langhaus barock (1723). Hochaltarbild von Martin Johann Schmidt (Kremser-Schmidt, 1780), Pfarre seit 1271. Evangelische Kirche, Prangersäule. Baulichkeiten und Überreste von der Erschließung des Urwaldes durch die Gosauer Holzmeister Georg und Johann Huebner.

Der Weg:

Hier verlassen uns nun der Voralpenweg 04 und der Waldmarkweg 622 in Richtung Kruckensattel und der Piestingtaler Rundwanderweg 231 nach Gutenstein. Unser Weiterweg führt vorbei an der auf dem Plateau gelegenen kleinen Kirche Maria Einsiedeln hinab durch den wildromantischen Miragraben zum ehemaligen Wirtshaus Im Gries.

Gehzeit: Unterbergschutzhaus – Im Gries 3/4 Stunden

Auf asphaltierter Straße wandern wir am Kehlhof und am GH „Zur Klaus" Josef Kaiser, vorbei. Ein kurzes Stück nach dem Gasthof verlassen wir die Straße nach links und benützen den so genannten „Bergmanderlweg". Nach etwa 1/2 Stunde überschreiten wir auf einem Steg den Klausbach, benützen wieder die Straße, übersetzen knapp vor den ersten Häusern von Rohr i.

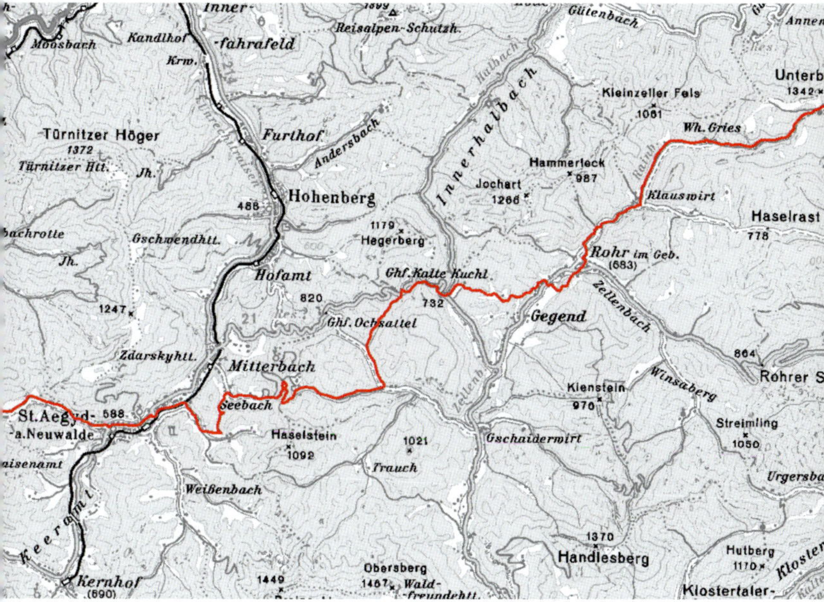

Geb. nochmals den Klausbach, um in Kürze in der Kontrollstelle Hotel „Kaiser Franz-Josef" (N) einzutreffen.
Gehzeit: Im Gries – Rohr im Gebirge 1 1/4 Stunden

Unser Weiterweg führt an der Kirche vorbei zur Straße St. Aegyd – Rohrersattel, die wir ebenso wie den Zellenbach übersetzen und weiter Richtung Kalte Kuchl wandern. Zunächst führt unser Weg über eine Wiese in den Wald bis zu einer Weggabelung, wo wir uns geradeaus Richtung Schieferwirt halten, kurz darauf jedoch nach rechts Richtung Kalte Kuchl gehen (der Weg zum Schieferwirt verläuft geradeaus weiter). Wir erreichen den Zachhof, übersetzen kurz danach wieder den Zellenbach und schwenken in die eingangs erwähnte Straße nach links ein, um sie jedoch bereits nach ca. 200 m wieder nach rechts zu verlassen. Wir gehen halb rechts über eine Mooswiese, später in beschaulicher Wanderung durch Wald, vorbei am Gehöft Hiaslbauer, verlassen kurz danach die uns zuletzt begleitende Sandstraße

nach links in einen Waldweg, der zunächst parallel zur Sandstraße verläuft, um sie wenig später zu übersetzen. Nach einem kurzen Anstieg wandern wir bequem hinab zur Kontrollstelle „Kalte Kuchl".
Gehzeit: Rohr im Gebirge – „Kalte Kuchl" 1 1/2 Stunden

Wir wandern nun auf der zum Ochsattel führenden Straße ein Stück aufwärts, um sie bei der ersten großen Kehre (Köhlerhütte) nach links in den Wald hinauf zu verlassen und weiter hinauf zur Anhöhe und wieder hinunter zum Gehöft Werasöd zu gelangen. Die Straße kurz entlang und sodann in südliche Richtung auf einer Forststraße weiter bis zur Landstraße Ochsattel – Gscheiderwirt, biegen links ein (Tiefental), gehen bis zu einer in den Finstergrundgraben führenden Forststraße, halten uns rechts und folgen nun im Wesentlichen der Dürren Schwarza bachaufwärts bis zu einem Wegweiser Schwarzau – St. Aegyd. Wir folgen dem Wegweiser auf einem Schotterweg, um diesen nach etwa 400 m bei einer Linkskehre geradeaus auf einen Fußweg zu verlassen. Dieser ausgeprägte Fußsteig wendet sich wiederum nach rechts und bringt uns schließlich ohne wesentliche Höhenunterschiede nach Hochreith (Bildstock). Hier führt dann unsere Markierung steil bergab zunächst durch den Wald bis knapp vor Obermitterbach, wo wir die Straße nach links in einen Fahrweg verlassen. Dieser bringt uns dann in den Bereich von Ellenbogen – Seebach, wo uns ein markanter Wegweiser in spitzem Winkel nach rechts über eine Wiese nach St. Aegyd weist, wohin wir die letzten 3 km auf der Straße zurücklegen müssen. Wir überschreiten die Bahnlinie St. Aegyd – Hohenberg, gehen die Hauptstraße nach links und gelangen zunächst zur wahlweisen Kontrollstelle GH „Zum Goldenen Hirschen", wandern die Hauptstraße bis zum Oberen Markt weiter, wo wir bei der zweiten Kontrollstelle GH und Café-Konditorei Max Vogelleitner eintreffen. In St. Aegyd stoßen wir auch auf den Niederösterreichischen Landesrundwanderweg und berühren den Traisentaler Rundwanderweg 655 sowie den Waldmarkweg 622.
Gehzeit: Kalte Kuchl – St. Aegyd am Neuwalde ca. 4 Stunden

5. Tagesetappe

St. Aegyd am Neuwalde (588 m, K) – Kernhofer Gscheid (963 m) – Walster (834 m, K) – Kreuzberg (872 m) – Mariazell (868 m, K)
Weg 606, 28 km, 7 Stunden, leichte bis mittlere Tour.

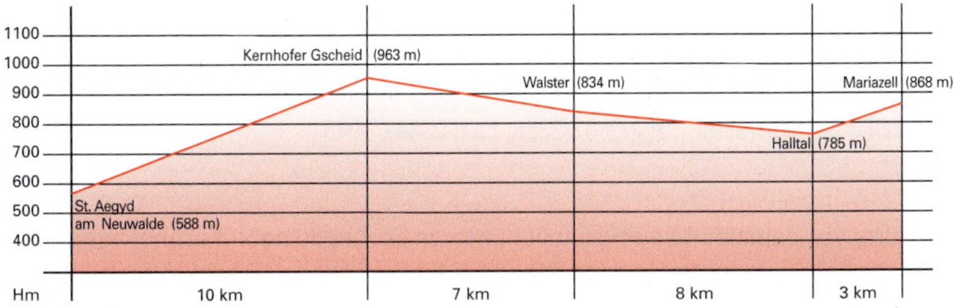

Zufahrt:

Siehe 4. Tagesetappe. Weitere Busverbindungen von Wien nach Mariazell über Hainfeld oder Neuberg an der Mürz. Bahnverbindung Mariazell – St. Pölten.

Einkehr/Übernachtung/Kontrollstellen:

Kernhof/Gscheid: Gasthaus Gerold Raffinger, Gscheid 4, A-3195 Kernhof, Tel. 02768/7212, Montag, Dienstag Ruhetag (N), oder
Alpengasthof Gscheid, Familie Gruber, A-3195 Kernhof, Tel. 02768/7220, Mittwoch und Donnerstag Ruhetag (N)

Walster: Gasthaus „Zum Hubertussee", Fam. Reininger, Walster 18, A-8630 Mariazell, Tel. 03882/2235, Montag Ruhetag (keine N)

Rechengraben: Privatquartier Maria Schweiger, Rechengraben 7, A-8630 Mariazell, Tel. 03882/2962 (nur N)

Unteres Halltal: Gasthaus „Zur Weinperle", Irene Müller, Halltal 3, A-8630 Mariazell, Tel. 03882/2526, Donnerstag Ruhetag (N)

Mariazell: OeAV-VH GH „Ochsenwirt", Glitzner & Plaschek, Arthur-Krupp-Platz 3, Tel. 03882/2407, E-Mail: ochsenwirt@mariazell.at oder Hotel „Himmelreich", Familie Meduna, Wr. Neustädter Straße 1,Tel. 03842/34744, oder Salvatorheim, Abt-Severin-Gasse 7, Tel. 03882/2216, alle A-8630 Mariazell

Karten:

ÖK 1:50.000, Blätter 72 (Mariazell), 73 (Türnitz) oder 4205 (Sankt Aegyd am Neuwalde) und 4210 (Mariazell)
F&B Wanderkarten WK 012 (Hohe Wand – Piestingtal – Gutensteiner Alpen), WK 031 (Ötscherland – Mariazell – Scheibbs – Lunzer See)
Kompass Wanderkarten 210 (Wiener Hausberge), 212 (Hochschwab – Mariazell)

Info:

GI Mariazell, Tel. 03882/2366, Fax: 03882/3945

Wissenswert:

Die vor Jahrzehnten eingestellte und von St. Aegyd nach Kernhof verlaufende Bahnlinie hätte bis nach Mariazell führen sollen. Da bei Eröffnung dieser Bahnstrecke Ende des 19. Jh.s nicht feststand, wie das 963 m hohe Gscheid zu überwinden wäre, baute man kurzerhand die heutige Mariazellerbahn.

Der Weg:

Ab der Kontrollstelle Vogelleitner wandern wir noch ein kurzes Stück die Hauptstraße entlang, biegen nach rechts über die Brücke der Unrechttraisen ab und wandern nun einige Kilometer auf der Straße ins Unrechttraisental, vorbei beim Wegscheider, Knallhof und Dürnbach, auf einer sich gabelnden Sandstraße nach links dem Wegweiser Gscheid folgend, stärker steigend, auf das 963 m hoch gelegene Kernhofer Gscheid.
Gehzeit: St. Aegyd a. Neuwalde – Kernhofer Gscheid 2 1/4 Stunden

Um unseren Weg fortzusetzen, wandern wir auf der nach Terz führenden Straße weiter und an der wahlweisen Kontrollstelle Gasthaus Gruber vorbei, wo wir wieder auf den Traisentaler Rundwanderweg treffen (15 Minuten), weiter bis zum Rastplatz beim Kirchlein Maria am Gscheid (der NÖ-Landesrundwanderweg, der Traisentaler Rundwanderweg und der Waldmarkweg sind unsere Begleiter). Nach etwa 2 km – bei einem Holzplatz – verlassen wir die Straße nach rechts und folgen dem Wegweiser ins „Fadenthal“. Kurz danach wählen wir den linken Weg, bei einer weiteren Weggabelung gehen wir geradeaus, gelangen hinauf zum Krumbachsattel (951 m) und wandern die bergabführende Forststraße weiter. Bei einem Bildstock aus Sandstein (Maria und Josef) erreichen wir die in die Walster führende Stra-

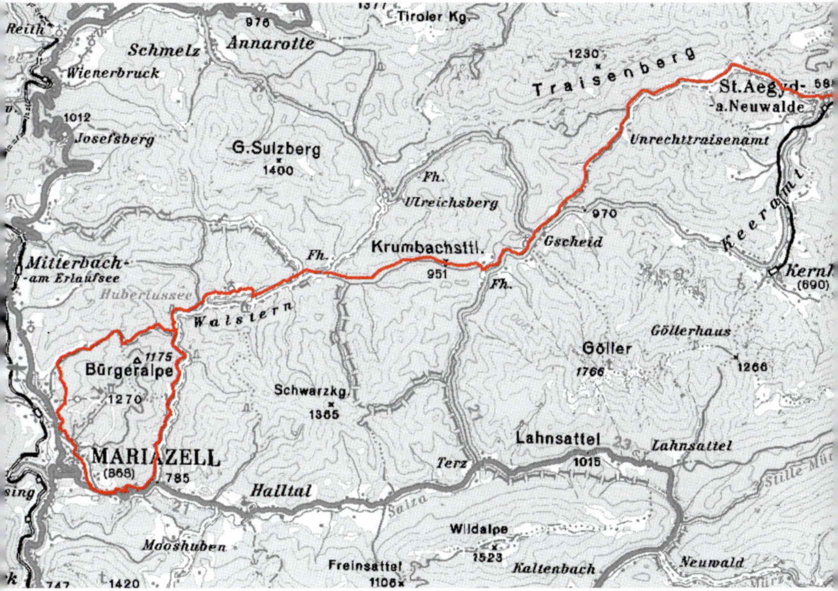

ße und stoßen auf die Variante A des NÖ-Mariazellerweges, der sich – von Ulreichsberg kommend – mit dem Wiener Mariazellerweg hier vereint. An dieser Stelle verlässt uns der Traisentaler Rundwanderweg hinauf nach Ulreichsberg. Wir behalten unsere Richtung geradeaus zum Hubertussee bei. Kurz darauf – bei einer Straßengabelung – verlässt uns der NÖ-Landesrundwanderweg nach rechts ins Fadenthal, wir wandern jedoch weiter Richtung Bruder-Klaus-Kirche in die Walster und gelangen sodann, die Grenze Niederösterreich/Steiermark überschreitend, zur Kontrollstelle GH „Zum Hubertussee" („Wuchtelwirtin").
Gehzeit: Gscheid – Walster 2 Stunden

Eine Viertelstunde nach Verlassen der Kontrollstelle zweigen wir rechts zum Hubertussee ab und erreichen kurz darauf das Bruder-Klaus-Kirchlein (das erste Gotteshaus der Steiermark, das dem Friedenspatron Bruder Klaus von Flüe geweiht wurde), einen modernen Bau, der sich schön in die Landschaft fügt. Farbenprächtige Fenster geben dem sakralen Raum eine eigene Note.

Hier trennen wir uns schließlich vom Waldmarkweg 622, der über Fadenthal und Mitterbach der Gemeindealpe und dem Ötscher zustrebt. Wir folgen nun der Walster abwärts und erreichen etwa 15 Minuten nach dem Hubertussee eine Abzweigung, die über den Habertheuersattel nach St. Sebastian zum Bahnhof Mariazell oder bei der IX. Station des Rosenkranzweges nach links direkt zur Basilika führt. Jene, die weichen Waldboden und schattige Waldwege dem Asphaltmarsch vorziehen, werden diesen Weg wählen. Wir wandern jedoch die Straße entlang an der Walster flussabwärts bis ins Halltal, wo sich der Burgenländische und der Steirische mit dem Wiener und Niederösterreichischen Mariazellerweg vereinen. Von Mariazell führt auch der Nord-Süd-Weitwanderweg 05 herunter (Führer im Eigenverlag der Sektion Weitwanderer), der mit dem Europäischen Fernwanderweg 6 identisch ist.
Gehzeit: Walster – Unteres Halltal 2 Stunden

Unmittelbar schräg gegenüber dem Gasthaus, zwischen Salza und Straße, beginnt unsere letzte Hürde – der Kreuzberg – nach Mariazell. Auf einem neu angelegten Wallfahrer-Fußweg erreichen wir die Anhöhe auf dem Kreuzberg und gehen zunächst auf der Ungarstraße, später durch die Wiener-Neustädter-Straße zur Basilika von Mariazell.
Gehzeit: Unteres Halltal – Mariazell $3/4$ Stunden

PIRKER
LEBKUCHEN · MARIAZELL
Wallfahrt,
Mariazell und
... Lebkuchen
Pirkers Original
Mariazeller Lebkuchen
aus besten Zutaten, reinstem
Bienenhonig und ganz ohne
Konservierungsstoffe von Hand
gefertigt.
Ankommen und
genießen!
Mariazell
www.pirker-lebkuchen.at
mariazell@pirker-lebkuchen.at

Weitra
Nebelstein
Harmanschlag
St. Wolfgang
Großschönau
Bad Großpertholz
Karlstift
Langschlag
Groß-Gerungs
Rosenau-Schloß
Zwettl
Zwettl Stift
Schweiggers
Allentsteig
Döllersheim
Rastenfeld
Friedersbach
Neupölla
Buchberg
Altenburg
Horn
Rosenburg
Gars am Kamp
Tautendorf
Gföhl
Langenlois
Senftenberg
KREMS a.d.D.
Stein
Mautern a.d.D.
Furth
Paudorf
Ober-wölbling
Obritzberg
Herzogenburg
Karlstetten
Pottenbrunn
Spitz
Pöggstall
Ottenschlag
Rappottenstein
Liebenau
Königs-wiesen
St. Georgen a. Walde
Bad-Kreuzen
Waldhausen
Unterweißenbach

Der Niederösterreichische Mariazellerweg

Der Niederösterreichische Mariazellerweg:

Nebelstein – Mariazell

1. Tagesetappe

Nebelstein (1017 m, K) – St. Martin (621 m) – Walterschlag (704 m) – Großschönau (681 m, K)
Weg 606, ca. 18 km, 4 Stunden, leichte Tour.

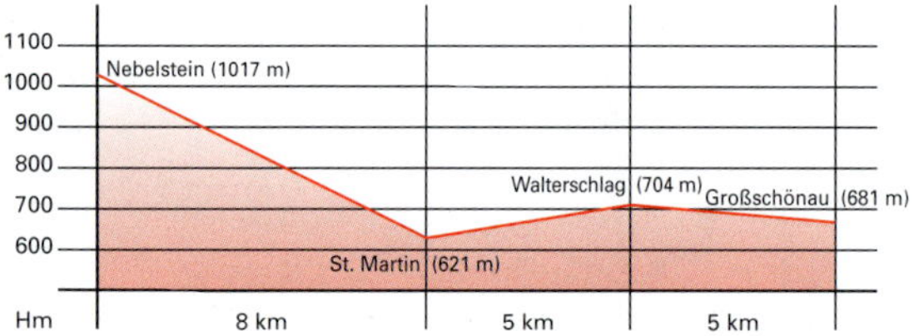

Zufahrt:

Busverbindung bis St. Martin im Waldviertel von Gmünd und Groß Gerungs aus bzw. von Linz über Freistadt. Busverbindung Zwettl – Großschönau.

Einkehr/Übernachtung/Kontrollstellen:

Nebelsteinhütte: OeAV-Sektion Waldviertel, Rudmanns 54, 3910 Zwettl, Tel. 02822/51925, Hütte: Maißen 55, A-3971 St. Martin im Waldviertel, Tel. 02858/5293 (N). Bewirtschaftet von Mitte April bis 1. November; wenn geschlossen, Kontrollstempel in St. Martin im Waldviertel, siehe nachstehend

St. Martin: GH „Schwarzer Adler", Familie Weninger, A-3971 St. Martin 19, Tel. 02857/22680 (N), kein Ruhetag

Großschönau: Hotel „Schönauer Hof", Familie Ertl, A-3922 Großschönau 2, Tel. 02815/6201 bzw. 6206 (N), oder in Privatquartieren

Karten:

ÖK 1:50.000, Blätter 17 (Bad Großpertholz), 18 (Weitra) oder 4309 (Gmünd)
Kompass Wanderkarte 203 (Waldviertel – Wachau)

Info:

TR Waldviertel Tourismus, Sparkassenplatz 4, A-3910 Zwettl,
Tel. 02822/54109-0, Fax: DW 36, E-Mail: info@waldviertel.or.at

GI St. Martin, Tel. 02857/2262, Fax: DW 16
Großschönau, Tel. 02815/6252, Fax: DW 40

Wissenswert:

Nebelstein: Etwa 4 km von der Landesgrenze entfernt befindet sich der Nebelstein, ein Ausläufer des Böhmerwaldes, und umschließt das Quellgebiet der Lainsitz mit seinen massigen Granithöhen von mehr als 1000 m. Von seinem Gipfel aus bietet sich ein prächtiger Fernblick zum Mandelstein, tief hinein nach Böhmen (Gratzen und die Wittingauer Teichplatte) sowie fast über das ganze Waldviertel mit seinen Orten Lauterbach, Harbach, Weitra, Dietmanns, Gmünd und weiter über Heidenreichstein und Waidhofen a. d. Thaya bis zum Manhartsberg. Bei sehr guter Sicht reicht der Blick sogar bis zum Schöpfl, Ötscher, den Mariazeller Bergen und dem Gipfel des Traunsteins in Oberösterreich. Für den Naturfreund bieten die Moorlandschaft (Hochmoore) und die seltsamen Felsbildungen in der Nebelsteingegend einen besonderen Reiz.
Weitwanderwegeknotenpunkt: Es haben hier die Europäischen Fernwanderwege 6 und 8, der Nord-Süd-Weitwanderweg 05, der Mariazellerweg 06, der Ostösterreichische Grenzlandweg 07, der Eisenwurzenweg 08, der Niederösterreichische Landesrundwanderweg und der Nordwaldkammweg 105 Berührungspunkte. Anreise nach St. Martin (Bezirk Gmünd) von Wien über Gmünd bzw. von Linz über Freistadt und Karlstift, weiter zu Fuß in ca. 1 1/2 Stunden auf den Nebelstein. Die Nebelsteinhütte der OeAV-Sektion Waldviertel ist etwas unterhalb des Gipfels gelegen, hat fünf modern eingerichtete Schlafzimmer für 14 Personen und ein sauberes Matratzenlager für 20 Personen. Ein großer Tagesraum steht dem Wanderer zur Verfügung. Die Hütte ist jährlich vom 1. April bis 2. November geöffnet und voll bewirtschaftet. Übrige Zeit gegen Voranmeldung.
St. Martin: Lang gestrecktes Waldhaufen-Reihendorf, Dreiseit- und Vierseithöfe. Romanische Pfarrkirche um 1340, mit dem in dieser Gegend üblichen Ostturm, drei barocke Altäre.
Großschönau: Markt, Dreieckangerdorf mit Gartenacker, Drei- und Vierseithöfe. Pfarrkirche heiliger Leonhard, Pfarre seit 1449, dem Stift Zwettl inkorpo-

riert, romanischer Kern, dreischiffig, drei barocke Altäre, Hochaltar aus 1773, Bild von Martin Johann Schmidt um 1780.
Am Gasthof Wandl Gedächtnistafel für Robert Hamerling.

Der Weg:

Kurz nach Verlassen der Nebelsteinhütte folgen wir links abbiegend den Wegweisern 606, 620, 607, 630 und 608. Nach einem kurzen Stück bergab wenden wir uns nach links in den Zufahrtsweg zur Hütte. Nach bereits ca. 200 m verlassen wir die Weitwanderwege 607, 608, den Thayatalweg 630 und den NÖ-LRWW, halten uns bei dieser Wegkreuzung halb rechts (606 und 620 Kamptalstauseenweg bis Rosenburg) und folgen dem Forstweg geradeaus bergab nach Rörndlwies. Eine kurze Gegensteigung, und wir gelangen bei einem Bildstock zur Straße Harmanschlag – St. Martin, der wir nach links folgen, bis wir, nach dem Übersetzen der Lainsitz, in St. Martin eintreffen.
Gehzeit: Nebelstein – St. Martin 1 1/2 Stunden
Wir gehen ein Stück die Kirchenmauer entlang, über den Marktplatz, an einem Brunnen vorbei, übersetzen die Gleise der Schmalspurbahn Gmünd – Groß Gerungs und wandern leicht ansteigend auf einem Weg zwischen Feldern mit schönen Rückblicken zum Lainsitztal, Wachtberg und Nebelstein. Durch typische Waldviertler Landschaft dahinwandernd, in leichtem Bergauf und Bergab, gelangen wir in den Ort Sulz. Im Ort selbst wenden wir uns auf der Landstraße vor einem Kühlhaus in die erste Querstraße nach links (Nr. 620). Am Dorfende beim Haus Nr. 8 wird eine Straße übersetzt. Anschließend geht es auf einem asphaltierten Forststräßchen geradeaus leicht bergauf, später zwischen Feldern, nach Walterschlag.
Gehzeit: St. Martin – Walterschlag 1 Stunde

Auf der Dorfstraße angelangt, wenden wir uns nach rechts, am Ende der Ortschaft jedoch nach links, Richtung Harmannstein bzw. Großschönau. Nach etwa 500 m, auf einer Bergkuppe, verlassen wir diese Straße nach rechts, um auf weichem Waldboden bzw. Feldweg zum Johannesberg (839 m) mit der Johanneskirche aufzusteigen. Ruinenreste und Wehrgräben einer Kuenringer-Anlage sind noch erkennbar. Die Johanneskirche wurde aus den Resten der Wehranlage gebaut und ist dem Stift Zwettl einverleibt.
Unser Weiterweg führt uns links der Kirche einen Waldweg hinab. Bei einer Weggabelung stoßen wir auf die so genannten „Zeilingereiche" (Wünschelrutenweg). Wir gehen geradeaus weiter, queren einige Wiesenwege,

gelangen zu einer Dorfstraße, der wir nach links folgen, und sodann zur Straße Großschönau – Walterschlag, die wir nach rechts wendend übersetzen. Wir folgen weiter dem Weg Nr. 620 anfangs auf asphaltiertem Weg, teils in freiem Gelände, teils durch kleine Wäldchen leicht bergab. Bei einem Bildbaum verlassen wir den Weg nach links in den Wald, übersetzen wenig später den Spiegelbach und wählen sodann den Forstweg, der geradeaus führt. Wir treffen wieder auf eine asphaltierte Straße, in die wir nach rechts einschwenken, gehen vorbei an einem Steinkreuz aus dem 13. Jahrhundert, einem Wasserpumpwerk und gelangen nach Großschönau und zur Kontrollstelle Hotel „Schönauer Hof“.

Gehzeit: Walterschlag – Großschönau 1 1/2 Stunden

2. Tagesetappe

Großschönau (681 m, K) – Preinreichs (632 m) – Rosenau (628 m, K) – Roblmühle (570 m) – Zwettl (518 m, K)
Weg 606, ca. 22 km, 6 Stunden, leichte Tour.

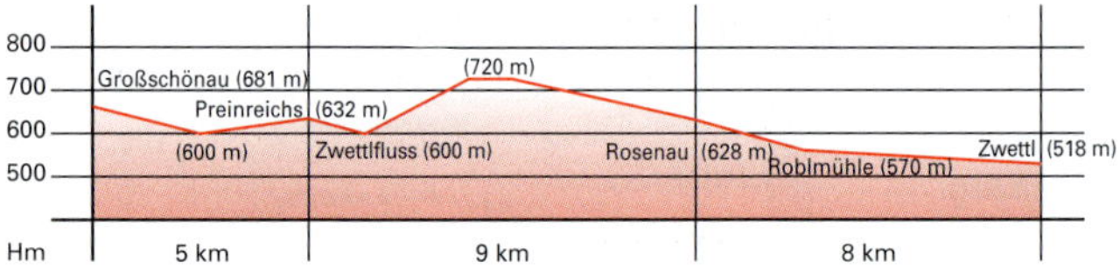

Zufahrt:

Siehe 1. Tagesetappe. Bahnverbindung von Zwettl über Schwarzenau nach Gmünd und Wien, Busverbindung von Rosenau nach Zwettl.

Einkehr/Übernachtung/Kontrollstellen:

Rosenau: Restaurant Schlosshotel, Margit Zulehner, A-3924 Schloss Rosenau Nr. 1, Tel. 02822/58221, kein Ruhetag (N), oder wahlweise
Gasthaus A. Weißenhofer GesmbH, A-3924 Schloss Rosenau 6, Tel. 02822/58203, Montag Ruhetag (N)

Zwettl: GH „Dichter Hamerling", Familie Schierhuber, Galgenbergstr. 3, 3910 Zwettl (zweigt vor der Kremser Straße ab), Tel. 02822/52344, Mittwoch Ruhetag (N)

Karten:

ÖK 1:50.000, Blätter 18 (Weitra), 19 oder 4310 (Zwettl) bzw. 4309 (Gmünd)
Kompass Wanderkarte 203 (Waldviertel – Wachau)

Info:

GI Zwettl, Tel. 02822/503129, Fax: DW 02822/51508

Wissenswert:

Rosenau: Gutssiedlung. Pfarrkirche Dreifaltigkeit, Pfarre 1740, erweitert 1767/68. Gute Raumwirkung, Pilastergliederung und reiche weiße Stuckierung. Großes Kuppelfresko von Daniel Gran. Schloss: das Reizvollste des

Waldviertels, weitgehende Neugestaltung einer älteren Anlage aus dem Ende des 16. Jahrhunderts. Reiche Fensterumrahmungen, Zimmerdecken mit Stuckierungen und hervorragenden allegorischen Fresken von Daniel Gran 1746 und Rincolin 1747. Einziges Freimaurermuseum Österreichs.
Zwettl: Stadt. Urkundlich erwähnt 1139, Stadtrecht 1200. Dörfische Altsiedlung um Propsteikirche aufgelassen. Burgstadtgründung letztes Drittel 12. Jahrhundert auf Felsplateau zwischen Kamp und Zwettl. Pfarrkirche Mariä Himmelfahrt, Pfarre 1138, ursprünglich dreischiffige romanische Pfeilerbasilika aus der 1. Hälfte des 13. Jahrhunderts. Hochaltar mit Bild Mariens aus dem 18. Jahrhundert. Spitalskirche heiliger Martin aus 1448. Hochaltar aus 1678 mit zwei Heiligenstatuen um 1530, Chorstühle um 1675, gute, neu gefasste Holzstatue der Muttergottes 1. Hälfte 16. Jahrhundert. Propsteikirche heiliger Johannes, Kuenringergründung, romanische Anlage 12. Jahrhundert. Romanischer Karner, Rundbau.
Ehemalige Propstei mit hübschem Sandsteintor, von Putten getragenes Wappen des Propstes Ferdinand von Albrechtsburg (1706–1730). Kreuzigungsgruppe um 1740, Johanneskapelle bei der Kampbrücke aus 1783. Rathaus erbaut von Leuthold I. v. Kuenring 1307, seit 1488 Rathaus.

Der Weg:

Auf der Straße Weitra – Groß Gerungs gehen wir in Richtung Groß Gerungs durch den Ort bis zu den letzten Häusern (Marktplatz Großschönau, Brunnen mit den Aufschriften: Europ. Wasserscheide, Schwarzes Meer, Nordsee) und wenden uns hier nach links auf eine Zufahrtsstraße, kommen an einem Sägewerk (Stiftmühle) vorbei und wandern hinauf zur Straße Großotten – Engelstein, übersetzen diese und gehen über das Engelsteiner Feld nach Großotten. (Ab Großschönau haben wir vorwiegend auch den Robert-Hamerling-Weg mit der Nr. 624 benützt.) Auf der Landstraße (beim Haus Nr. 21) wenden wir uns nach links, verlassen die Straße bereits nach ca. 60 m wieder nach rechts und folgen dem Wegweiser nach Preinreichs. Nach ca. 15 Minuten wird die Straße Großotten – Preinreichs nach links in einen Feldweg verlassen. Dieser bringt uns an das östliche Ortsende von Preinreichs. Hier folgen wir ca. 500 m der Straße Preinreichs – Rosenau nach links.
Gehzeit: Großschönau – Preinreichs 1 1/4 Stunden

Bei der Hitzlermühle (früher Preindlmühle) gehen wir über die Zwettlbrücke und verlassen die Straße unmittelbar danach nach rechts in den Wald. Immer flussaufwärts, auf weichen, schattigen Waldwegen erreichen wir die so genannte Holzmühle. Hier ein kurzes Stück links, bei einem Schranken gleich wieder rechts in den Wald hinein. Leicht bergauf zur Straße, die nach Rosenau Dorf führt. Diese übersetzend auf einem Feldweg weiter, über den Flohberg (710 m) und nach Zwischenwald. Bei einem Wegkreuz (blecherner Herrgott) biegen wir nach links in die Wurmbrander Straße (nicht asphaltiert) der Österreichischen Bundesforste ein und erreichen die Straße nach Niederneustift, auf der wir, links einschwenkend, bis in den genannten Ort wandern. Hier treffen wir auf den Thayaquellenweg 623 und den Waldviertler Kulturpfad 665.
Gehzeit: Preinreichs – Niederneustift 1 1/2 Stunden

Am Gasthof Hofbauer vorbei gehen wir noch ein kurzes Stück auf der Straße weiter, sodann weisen unsere Marken nach rechts zu einem einzeln stehenden Haus und zu einem Waldweg, der uns durch den Finstergraben bergab zum Schloss Rosenau bringt. Kontrollstelle im Schlosshotel oder im GH Weißenhofer neben dem Schloss. Während uns der Waldviertler Kulturpfad 665 gleich wieder in Richtung Rappottenstein verlässt, wird uns zum Thaya-

quellenweg 623 auch noch der von Groß Gerungs nach Raabs an der Thaya führende Kuenringerweg 611 bis Zwettl begleiten.
Gehzeit: Niederneustift – Schloss Rosenau 1/2 Stunde

Nach Besichtigung des Schlosses Rosenau setzen wir beim ehemaligen Gasthof und Fleischerei Salomon, zwischen den Häusern hindurch nach rechts hinunter, unseren Weg fort, folgen der Straße ca. 50 m wieder nach rechts, um sie nach links steil über eine Wiese hinunter in den Wald zu verlassen. Wir gehen über den Gutenbrunnerbach, dann steil hinauf zu einer Wiese und einem Feldkreuz, wandern auf einem asphaltierten Feldweg hinab nach Gutenbrunn, der uns zu einer weiteren Asphaltstraße bringt, der wir einige Meter nach rechts folgen, um sie beim Haus Nr. 24 wieder nach links zu verlassen. Wir folgen diesem Sträßchen bis hinunter zum Wald, übersetzen den Jahringsbach, wandern über Wiesen bzw. am Waldrand zur Straße Schickenhof – Jahrings, gehen bei der Roblmühle über die Zwettl, um unmittelbar nach der Brücke nach rechts in den Wald einzubiegen.
Gehzeit: Rosenau – Roblmühle 1 1/4 Stunden

Wir folgen nun im Wesentlichen dem Flusslauf der Zwettl bis Syrafeld, gehen rechts durch den Ort und verlassen die Ortsstraße vor dem Ortsende nach links, vorbei am Haus Syrafeld 16, wo wir wieder auf die Zwettl stoßen. Nun folgen wir dem Waldweg entlang der Zwettl und erreichen so, zuletzt auf einem Waldlehrpfad und der Promenade, die Stadt Zwettl. Die Kuenringergasse wird übersetzt, später auch noch der Kamp, und wir gelangen so zu unserer Kontrollstelle.
In Zwettl treffen wir wieder auf den Waldviertler Kulturpfad 665, der bis Ottenstein unser Begleiter sein wird.
Gehzeit: Roblmühle – Zwettl 1 1/2 Stunden

3. Tagesetappe

Zwettl (518 m, K) – Stift Zwettl (510 m) – Friedersbach (560 m) – Peygarten/Ottenstein (520 m, K)

Weg 606, ca. 19 km, 4 1/2 Stunden, leichte Tour.

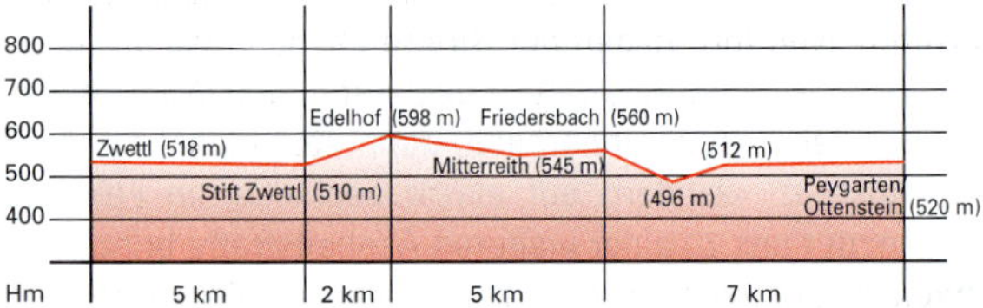

Zufahrt:

Siehe 2. Tagesetappe. Busverbindung von Zwettl nach Stift Zwettl, Friedersbach und Peygarten/Ottenstein.

Einkehr/Übernachtung/Kontrollstellen:

Friedersbach: Hotel-Restaurant „Naturidyll-Hotel-Schweighofer" (Viersternehotel), Friedersbach 53, A-3533 Friedersbach, Tel. 02822/77511, kein Ruhetag (N)

Peygarten/Ottenstein: Hotel-Restaurant Ottenstein, Peygarten-Ottenstein 60, A-3532 Rastenfeld, Tel. 02826/251, kein Ruhetag (N), oder in anderen Gasthöfen

Karten:

ÖK 1:50.000, Blätter 19 oder 4310 (Zwettl), 20 (Gföhl) bzw. 4316 (Ottenschlag) bzw. 4317 (Krems an der Donau)

F&B Wanderkarten WK 072 (Kamptal – Gars – Zwettl – Horn – Langenlois)

Kompass Wanderkarte 203 (Waldviertel – Wachau)

Info:

GI Rastenfeld-Ottenstein, Tel. 02826/289 und 276, Fax: 02826/289-20

Wissenswert:

Stift Zwettl: Zisterzienserkloster, 3 km östlich der Stadt im Kamptal. Am Silverstertag 1137 gegründet von Hademar I. von Kuenring. Mutterkloster war Heiligenkreuz im Wienerwald. Kloster- und Pfarrkirche Mariä Himmelfahrt, Weihe 1159, mächtiger gotischer Chor, großartige barocke Westfassade mit 90 m hohem Mittelturm, wohl die monumentalste Einturmfassade des deutschen Barocks. Nach Entwurf des Bildhauers Matthias Steinl von dem Prandtauer-Schüler Josef Munggenast aus St. Pölten 1722–27 erbaut, mit überlebensgroßen Sandsteinstatuen. Prächtiger Hochaltar nach Entwurf von Josef Munggenast und Johann B. Känischbauer von 1731. 16 Seitenaltäre. Der Aufbau der Barockaltäre meist von Josef Munggenast entworfen, von B. Hagenmüller in Kunstmarmor ausgeführt, die Holzbildwerke meist von dem Donner-Schüler Jakob Schletterer, die Altarbilder von Martin Altomonte, Paul Troger, Matthäus Jakob Pinkg, Johann Gregor Bergmüller, Johann Georg Schmidt. Kern der romanischen Klosteranlage bilden die um den Kreuzgang angeordneten Regulargebäude. Dormitorium mit der unversehrt erhaltenen romanischen Latrinenanlage. Kapitelsaal mit einzigartiger Mittelsäule, Brunnenhaus. Der Kreuzgang an der Südseite des romanischen Langhauses der Kirche ist der älteste der berühmten drei österreichischen Zisterzienserkreuzgänge (Zwettl, Heiligenkreuz, Lilienfeld), fast unversehrt, nicht restauriert. In der Bibliothek 420 Pergament- und Papierhandschriften des 12. bis 18. Jahrhunderts. Kampbrücke mit romanischen Steinmetzzeichen der ersten Bauzeit, sie sind die ältesten erhaltenen Denkmäler der Wasserbaukunst der Zisterzienser in Österreich und Deutschland. Kapelle Johann Nepomuk bei der Kampbrücke aus 1763.

Friedersbach: Markt, großes Längsangerdorf mit Gartenacker, Dreiseit- und Vierseithöfe. Pfarrkirche heiliger Lorenz, Pfarre 1159, ursprünglich romanisch aus 1200, gotisch erweitert um 1400. Kirche und Karner von einer Mauer umgeben, malerisch in die Landschaft eingeordnet. Maßwerkfenster, gut erhaltene Glasgemälde, bedeutende Werke aus dem 15. Jahrhundert. Karner interessanter gewölbter Rundbau mit hohem Kegelhelm, 14. Jahrhundert.

Ruine Lichtenfels: Felsenburg aus dem 12. Jahrhundert, von einem landesfürstlichen Ministerialengeschlecht gegründet. Seit dem 18. Jahrhundert dem Verfall preisgegeben.

Der Weg:

Wir müssen ein Stück zurück, folgen dem Kamp flussabwärts, übersetzen die Bundesstraße Waidhofen a. d. Thaya – Krems und erreichen den Ortsteil Oberhof, wo wir uns bei den letzten Häusern nach rechts auf einen ansteigenden asphaltierten Feldweg wenden. Diesen Weg weiter bis zu einem Schotterweg, der uns zum Kamp bringt, im rechten Winkel nach links über eine alte Brücke, vorbei an der Neumühle, auf schmalem Hangweg den Kamp entlang, um schließlich, vorbei an einer Wehranlage, auf der leicht bergan führenden Straße zum Stift Zwettl zu gelangen.
Gehzeit: Zwettl – Stift Zwettl 1 Stunde

Nach Besichtigung des Stiftes wandern wir auf der Straße zurück bis zum Kamp, den wir auf einer romanischen, aus Granit gefügten Steinbrücke übersetzen, gehen geradeaus an der Nepomukkapelle und einem Geräteschuppen vorbei, später über freies Gelände nach Edelhof, vorbei an der landwirtschaftlichen Berufs- und Fachschule und gelangen auf der Asphaltstraße nach Mitterreith, wo wir beim ersten Wegweiser zur Bundesstraße nach rechts abzweigen. Wir durchwandern Mitterreith, gehen links an einer Kapelle vorbei und wenden uns sogleich wieder nach rechts. In leichtem Auf und Ab, an zwei Bildstöcken und einem Kreuz vorbei gelangen wir auf eine Anhöhe, dann zur Bundesstraße 38, übersetzen diese und treffen schließlich in Friedersbach ein.

Leider verläuft der Wanderweg vom Stift Zwettl bis kurz nach Friedersbach vorwiegend auf asphaltierten Wegen bzw. Straßen.
Gehzeit: Stift Zwettl – Friedersbach 2 Stunden

Von der Kontrollstelle folgen wir der Straße Richtung Rastenfeld und verlassen diese bei einer scharfen Linkskehre geradeaus in den Wald. Wir wandern auf einem breiten Weg, dem Lauf des Friedersbaches folgend, leicht bergab hinunter zu einem Seitenarm des Ottensteiner Stausees, wo wir knapp davor jedoch nach links in einen Steig hinauf in den Wald abzweigen, der uns zu einem breiteren Waldweg bringt, den wir – kurz vor Erreichen der Bundesstraße 38 – nach rechts in einen Fußweg verlassen. Vorbei an einer Gedächtniskapelle gelangen wir schließlich zur Brücke über den Ottensteiner Stausee, die wir überschreiten und uns unmittelbar danach nach links zum Parkplatz wenden und dem Schild „Seerestaurant/Bootsvermittlung" folgen. Wir steigen hinunter zum Stausee, gehen ein kurzes Stück am Ufer entlang, folgen sodann einem Karrenweg, halten uns bei einem weiteren Weg nach links und erreichen so wieder das Seeufer. Später verlassen wir das Ufer kurze Zeit steil bergan, um uns später wieder nach links dem See zuzuwenden, und gehen am Bootsverleih Ottenstein vorbei, wo Boote zu einer Rundfahrt einladen und sich unser Blick zur Ruine Lichtenfels richtet. Hier verlassen wir den Stausee hinauf zum Parkplatz, folgen der Zufahrtsstraße hinab zur Bundesstraße, übersetzen diese schräg nach links, wandern wieder ein kurzes Stück bergwärts, wenden uns oben am Waldrand wieder nach links, folgen der nächsten Asphaltstraße nach rechts und suchen die Kontrollstelle im Erholungszentrum Ottenstein auf.
Gehzeit: Friedersbach – Peygarten/Ottenstein 1 1/2 Stunden

4. Tagesetappe

Peygarten/Ottenstein (520 m, K) – Waldreichs (520 m) – Krumau am Kamp (370 m, K) – Wegscheid am Kamp (345 m, K)
Weg 606, ca. 21 km, 5 Stunden, leichte Tour.

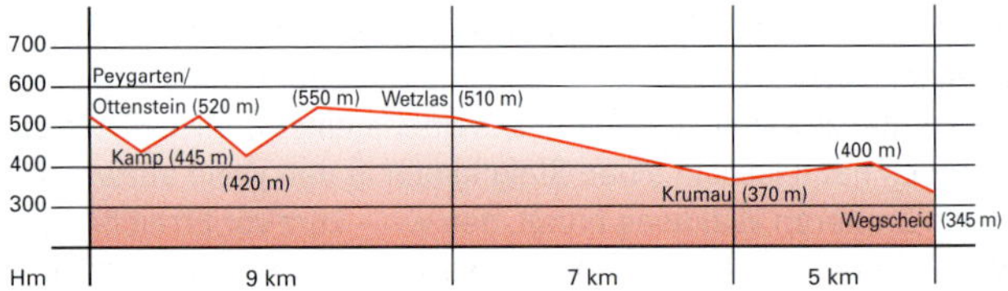

Zufahrt:

Siehe 3. Tagesetappe. Busverbindung von Wegscheid nach Horn (hier Bahnanschluss nach Sigmundsherberg bzw. Wien) sowie von Wegscheid nach Krumau am Kamp, Gföhl bzw. Krems an der Donau.

Einkehr/Übernachtung/Kontrollstellen:

Peygarten/Ottenstein: siehe 3. Etappe

Krumau am Kamp: Gasthof „Zum Braunen Hirschen", Michael Kern, Krumau/Kamp 20, A-3543 Krumau/Kamp, Tel. 02731/8226, Sonntag ab 15 Uhr und Montag Ruhetag (N)

Wegscheid am Kamp: Hotel Wegscheidhof, Walter Steinhauer, Wegscheid 2, A-3593 Wegscheid, Tel. 02731/237, Montag Ruhetag (N)

Karten:

ÖK 1:50.000, Blatt 20 (Gföhl) oder 4317 (Krems an der Donau) und 4311 (Horn)
F&B Wanderkarte WK 072 (Kamptal – Gars – Zwettl – Horn – Langenlois)
Kompass Wanderkarte 203 (Waldviertel – Wachau)

Info:

GI Krumau am Kamp, Tel. 02731/8230, Fax: DW 30

Wissenswert:

Ottenstein: Burg, urkundlich 1177. Die schönste Burg des Kreises Zwettl, im Osten, Süden und Westen auf steil in den Kamp abfallenden Granitfelsen erbaut. Besteht aus zwei durch tiefen Graben mit hoher Mauer getrennten

Teilen, dem Vorwerk und der Hauptburg. Quadratischer Torturm, Hauptburg auf steinerner mit Wappentieren geschmückter Brücke erreichbar. Burgkapelle heiliger Florian mit prächtigen vielfiguralen Stuckaturen von Lor. Aliprandi 1680, zwei Altäre um 1680, Kruzifix 1530, Totenschild 1576, bemerkenswerte Gemäldesammlung, kunstgewerbliche und Waffensammlung. Stausee Ottenstein 1950–56 (mit 65 m hoher Staumauer) errichtet. Reicht bis Stift Zwettl.

Waldreichs: Schloss, erstmals um die Mitte des 13. Jahrhunderts erwähnt und ursprünglich als großartiges Wasserschloss angelegt.

Krumau am Kamp: Markt, 13. Jahrhundert, Dreiseithöfe. Pfarrkirche heilige Margareta, Pfarre 1350, erbaut 1782–89, Turm 1801. Schloss urkundlich 1084 erwähnt, im 12. Jahrhundert landesfürstlich, im 13. Jahrhundert der Königin Margareta, Gattin des Böhmenkönigs Ottokar, als Aufenthaltsort zugewiesen.

Der Kamp: Der Name kommt keineswegs von lateinisch „campus“ (Feld) wie viele andere österreichische Namen (Gamper, Gampleiten), sondern von keltisch „camp“, was krumm heißt, also „der gewundene, schlingenreiche Fluss“.

Wegscheid am Kamp: Kleine Sommerfrische in waldreichem Talkessel.

Der Weg:

Nach Verlassen der Kontrollstelle verläuft unser Weg die Straße ein kurzes Stück bis zum Parkplatz weiter, an dessen Ende der Waldviertler Kulturpfad 665 nach rechts in Richtung Rastenfeld und Burg Rastenberg abzweigt. Unser Weg hingegen wendet sich nach links in eine Wiese, führt zum Wald, wo er uns dann steil hinunter zur Brücke über den Kamp bringt. Diese wird überschritten, an deren Ende wenden wir uns sofort nach rechts, wandern zunächst auf einer Sandstraße kampabwärts und verlassen diese bei einem rot-weiß-roten Metallpfosten nach links in den Wald. Wir steigen den so genannten Pfaffengraben hinauf, wenden uns nach etwa 10 Minuten nach rechts steil durch Jungwald, später durch Wald, betreten schließlich freies Gelände und gleich darauf eine asphaltierte Straße, in die wir nach rechts einbiegen und vor uns bereits das Schloss Waldreichs erblicken.

Unser Weg führt am Schloss vorbei geradeaus gemütlich hinunter in den Wald (Schranken), wo ein wenig später rechter Hand ein Seitenarm des Dobra-Stausees heraufblinkt. An der Mündung des Schloteinbaches in den Dobra-Stausee halten wir uns nach rechts, um oberhalb des Sees über die

sogenannte Seeleiten zu einem Campingplatz zu gelangen. Weiter geht es entlang des Seeufers auf dem Zufahrtsweg des Campingplatzes, wo wir uns bald nach links in nördliche Richtung wenden. In der Nähe des Wetzlasbaches erreichen wir das östliche Ortsende von Reichhalms, wo wir den Bach überschreiten und uns nach rechts halten. Wir umgehen das Schloss Wetzlas mit seinen zum Teil verfallenen Wirtschaftsgebäuden und wenden uns genau vor der Schlosseinfahrt in eine verkehrsarme Straße nach links, die uns nach Schmerbach am Kamp bringt. Am unteren Ortsende verlassen wir die Dorfstraße auf einem Zufahrtsweg, der uns hinunter zu einem breiteren Waldweg – stets die Richtung geradeaus beibehaltend – zunächst bequem, später auf einem Steig steil nach links hinunter zum Schmerbach führt. Wir folgen seinem Lauf bis zu seiner Mündung in den Kamp. Der schmale Pfad führt nun neben dem Kamp zu einer kleinen Felsnase, die durch eine Eisenleiter und Seilsicherungen fast „alpinen Charakter" erhält. Flussabwärts wandern wir sodann am Umspannwerk vorbei und sehen vor uns bereits das Schloss Krumau. Wir biegen unmittelbar danach rechts in eine schmale Gasse ein, die uns hinunter in den Ort zum Marktplatz bringt, wo wir, vorbei an der Kirche, rechts über die Kampbrücke bei unserer Kontrollstelle eintreffen.

Gehzeit: Peygarten/Ottenstein – Krumau am Kamp 3 1/2–4 Stunden

Wir müssen nun über die Kampbrücke zurück zum Marktplatz, wo unser Weg schräg gegenüber der Kirche, zwischen dem Kaufhaus Herzog und dem Gasthof Märkl seine Fortsetzung findet. Auf einem Fußweg wandern wir nun zunächst den Kamp entlang, sodann bringt uns ein weiterer Weg durch eine

Siedlung zur Straße Tiefenbach – Thurnberg, in die wir rechts bergan einbiegen (schöne Blicke auf den Thurnberger Stausee und zurück auf Krumau am Kamp). Bei einigen Neubauten verlassen wir diese ansteigend wieder nach links und gehen nach wenigen Schritten – bei einem Transformator – geradeaus auf einem Fußweg zunächst über mit Buschwerk besetzte Wiesen, sodann durch Wald wieder hinunter zum Thurnberger Stausee. In sanftem Auf und Ab wandern wir nun auf idyllischem Steig den Stausee entlang und schließlich zum Christl-Fritz-Platz, wo wir uns geradeaus halten, durch die Schattauer Siedlung und über einen kleinen Bach gehen und vor uns bereits die Thurnberger Sperre sehen. Wir bleiben vorerst am Seeufer, später bringt uns unser Weg auf eine Anhöhe, wo wir bei einem weiteren Transformator die Straße, welche nach Tiefenbach führt, erreichen und nach rechts hinunter zur Kampschleife und nach Thurnberg zur Kampbrücke wandern. Wir bleiben auf der Straße, gehen durch den Ort, kommen zum Kraftwerk Thurnberg/Wegscheid und schließlich in den Ort Wegscheid.
Gehzeit: Krumau am Kamp – Wegscheid am Kamp 1 1/2 Stunden

5. Tagesetappe

Wegscheid am Kamp (345 m, K) – Steinegg (302 m, K) – Rosenburg am Kamp (265 m, K) – Tautendorf (434 m, K)

Weg 606, ca. 27 km, 7 Stunden, leichte Tour.

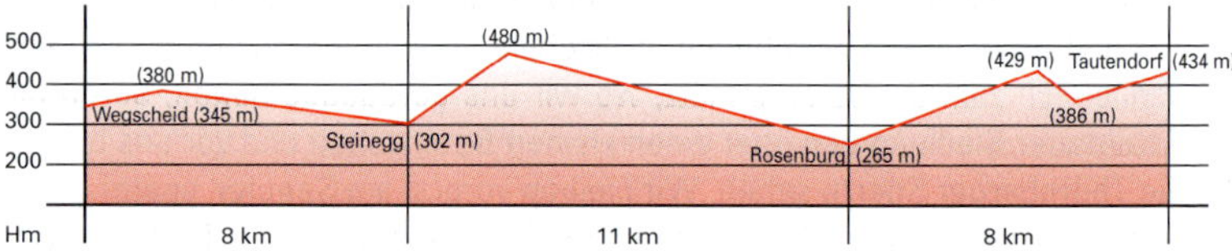

Zufahrt:

Siehe 4. Tagesetappe. Bahn- und Busanschluss in Rosenburg am Kamp nach Horn und Krems an der Donau.

Einkehr/Übernachtung/Kontrollstellen:

Steinegg: Gasthaus Dunkler, M. Weidegger, Steinegg 12, A-3591 Steinegg, Tel. 02987/2270, Dienstag Ruhetag (N)

Rosenburg am Kamp: Hotel-Restaurant Landgasthof Mann, A-3573 Rosenburg 51, Tel. 02982/2915, Montag Ruhetag (N)

Etzmannsdorf: Gasthof „Zu den drei heiligen Ländern", Helga Nußbaum, Etzmannsdorf 10, 3571 Gars am Kamp, Tel. 02985/2120 (nur N und E)

Tautendorf: Bauernhof Alfred Zehethofer, Tautendorf 35, 3571 Gars am Kamp, Tel. 02985/2403, E-Mail: zetia@aon.at (N, 10 Betten), Mittwoch Nachmittag geschlossen

Karten:

ÖK 1:50.000, Blätter 20 (Gföhl), 21 oder 4311 (Horn) und 4317 (Krems an der Donau)

F&B Wanderkarte WK 072 (Kamptal – Gars – Zwettl – Horn – Langenlois)

Kompass Wanderkarte 203 (Waldviertel – Wachau)

Info:

GI Rosenburg-Mold, Tel. 02982/2917, Fax: DW 4
Gars am Kamp, Tel. 02985/2225, Fax: DW 24

Wissenswert:

Ruine Schauenstein: Dürfte eine der ältesten Befestigungen am Kamp gewesen sein, 1282 von Otto von Schauenstein erbaut, seit 1662 im Besitz der Familie Kuefstein, seit 1672 Ruine. Bergfried am besten erhalten, prachtvoller Tiefblick ins Tal.

Steinegg: Idyllischer Ort im tief eingeschnittenen Tal des Kamp, Mauerreste der 1428 zerstörten Burg Steinegg, urkundlich erwähnt 1210, „Anglerparadies".

Altenburg: Auf einem Felsen gelegenes mächtiges Benediktinerstift. 1144 von Hildeburg von Rebgau-Poigen gegründet und auf den Resten einer „alten Burg" gebaut. 208 m lange großartige Ostfront. Das Kloster bietet die reichsten Beispiele schwerer Stuckdekorationen des 17. Jahrhunderts in Österreich. Farbenprächtige Bibliothek mit einem der schönsten Barockräume Mitteleuropas, in der Krypta der originellste Raum des 18. Jahrhunderts in einem österreichischen Kloster. Deckengemälde in Bibliothek, Marmorsaal und prunkvoller Hauptstiege von Paul Troger. Die Stiftskirche 1730 von Josef Munggenast prachtvoll umgebaut. Das Stift wurde anlässlich der Troger-Ausstellung 1963 renoviert.

Rosenburg am Kamp: Villen- und Erholungsort. Schloss Rosenburg: Auf steil abfallendem Felshügel über dem Kamp thronend, eine der größten und schönsten Burgen Österreichs, 1175 urkundlich erwähnt, 1478 erweitert, ursprünglich im Besitz derer von Rosenberg, im 17. Jahrhundert der Name von Rosenberg auf Rosenburg umgewandelt. Heute im Besitz derer von Hoyos-Sprinzenstein. Im Inneren Harnische und Kriegswerkzeuge, Bildnisse, Trophäensammlung, Waffensaal, Laubengänge, Turnierhof. Greifvogelschau.

Tautendorf: Straßendorf, Haken- und Zwerchhöfe. Pfarrkirche heiliger Josef, Pfarre 1783. Der linke Seitenaltar aus der Pfarrkirche in Stein an der Donau, Hochaltar mit prächtigem Tabernakel, rechter Seitenaltar um 1750 aus der Dominikanerkirche in Krems, bemerkenswerte Kanzel und Taufstein mit Engelsköpfen.

Der Weg:

Gleich links, hinter dem Wegscheidhof, gehen wir zuerst auf bequemem Waldweg, der später enger wird (teilweise müssen wir durch hohes Gras), auf romantischem Steiglein entlang des Kamp durch das so genannte Bienental bis zu einer großen Wiese. Von hier erblicken wir die hoch über dem Tal gelegene Ruine Schauenstein (490 m), die wir kurz nach der Lichtung

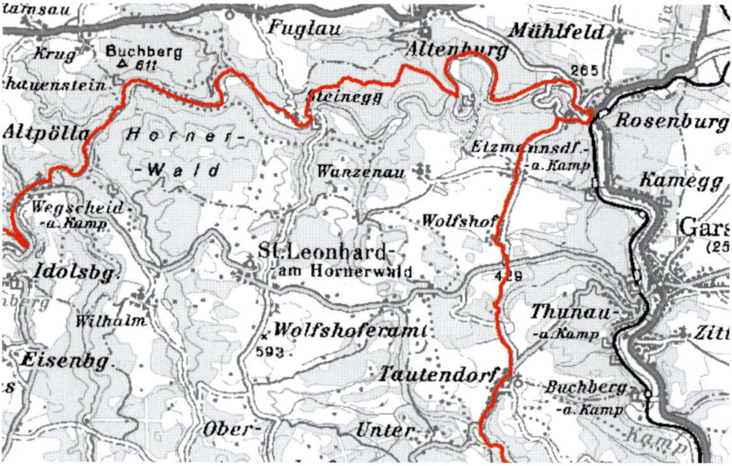

links auf einem derzeit unmarkierten Steig steil bergan erreichen können. Für den Hin- und Rückweg muss jedoch zusätzlich ca. 1 Stunde Wegzeit veranschlagt werden.

Der Weiterweg führt uns – noch immer mehr oder weniger – entlang des Kamp und vorbei an der dem Verfall preisgegebenen Reithmühle auf teilweise engem, felsigem Steiglein zu einem Rastplatz auf einer Felskanzel mit herrlicher Aussicht auf den Kamp und einer Statue des hl. Nepomuk. Der Weg wird später zum Wiesenweg, der schließlich in einen Fahrweg und sodann in die Ortsstraße von Steinegg einmündet, von wo an wir auch kurze Zeit das Kamptal verlassen. Bei Hochwasser (Schneeschmelze, Gewitter, Regenperiode) kann das Wegstück unmittelbar vor Steinegg überflutet und unbegehbar sein, dann muss über Fuglau ausgewichen werden.

Gehzeit: Wegscheid am Kamp – Steinegg 2 1/2 Stunden (ohne Ruine Schauenstein)

Schräg gegenüber der Kontrollstelle GH Dunkler bei einem Holzschuppen führt unsere Markierung über eine Betontreppe geradeaus steil hinauf auf einen Wiesenhang, kurz durch Mischwald und sodann rechts in den Wald hinein. Wir wandern geradeaus in steter Steigung, zuletzt in einem großen Linksbogen, hinauf auf ein Hochplateau und stoßen kurz darauf auf eine

von Altenburg heraufführende Markierung. Wir halten uns jedoch rechts, dem Wegweiser Ödes Schloss – Rosenburg folgend, wandern genussvoll durch Wald bis zu einem Forstweg, in den wir links einbiegen und der uns in das Waldgebiet „In der Sulz" führt. Kurze Zeit später zweigen wir bei einer Weggabelung wieder rechts ab und folgen abermals dem Wegweiser Ödes Schloss. Von einer Waldlichtung aus, die wir kurz danach erreichen, erblicken wir linker Hand das Stift Altenburg.
Wir wandern bei der folgenden Weggabelung links, leicht fallend, dann wieder zweimal links und verlassen bei einem großen Rechtsbogen den Forstweg in einen Laubwald (auf Markierung achten!), um kurz danach auf einem Steig hinunter zum Kamp zu gelangen. In einer großen Schlinge, die unter dem Namen „Großer Umlauf" bekannt ist, wandern wir den Kamp flussabwärts, vorbei an den Ruinen der einstigen Tiergartenmauer des Stiftes Altenburg und gelangen zur ehemaligen Rauschermühle mit ihrer alten Inschrift über dem Hauseingang. Wir stoßen nun auf eine Zufahrtsstraße, die uns, vorbei am Umspannwerk der EVN und an der Kampbrücke, zur Straße Altenburg – Rosenburg bringt, in die wir rechts einbiegen und wo wir bereits das Schloss Rosenburg vor uns erblicken. Kurz darauf treffen wir auch im gleichnamigen Ort und in der Kontrollstelle GH Mann ein.
Gehzeit: Steinegg – Rosenburg am Kamp 2 1/2 Stunden

Nach Einholen des Kontrollstempels übersetzen wir die Taffa auf der Straße Richtung Krems und folgen dem Fußweg zur Rosenburg. Auf einer Brücke wird der Kamp übersetzt und nach rechts leicht bergan Richtung Rosenburg weitergewandert.
Nach einer ausführlichen Besichtigung der Rosenburg wenden wir uns auf die Straße und wandern bis nach Etzmannsdorf (E und N im GH Nußbaum). Von hier aus gehen wir auf der Straße weiter und erreichen Wolfshof in ca. 15 Minuten. In der Folge übersetzen wir die Straße Gars am Kamp – St. Leonhard am Hornerwald und benützen weiter einen Güterweg, der später am Rand eines Feldes in einen Wiesenweg übergeht. Hinunter in den Wald zum Hirschbach und dann leicht bergan nach Tautendorf (Markierung „Nach Tautendorf" beachten!). Nach Verlassen des Feld- bzw. Waldweges gelangen wir auf die Straße St. Leonhard am Hornerwald – Tautendorf, die kurz vor Tautendorf in die Straße Gars am Kamp – Tautendorf mündet, auf der wir in den Ort und zum Bauernhof Zehethofer wandern.
Gehzeit: Rosenburg am Kamp – Tautendorf 2 Stunden

6. Tagesetappe

Tautendorf (434 m, K) – Schiltern (380 m) – Mittelberg (426 m, K) – Droß (385 m, K) – Senftenberg (254 m, K)

Weg 606, ca. 23 km, 6 Stunden, leichte Tour.

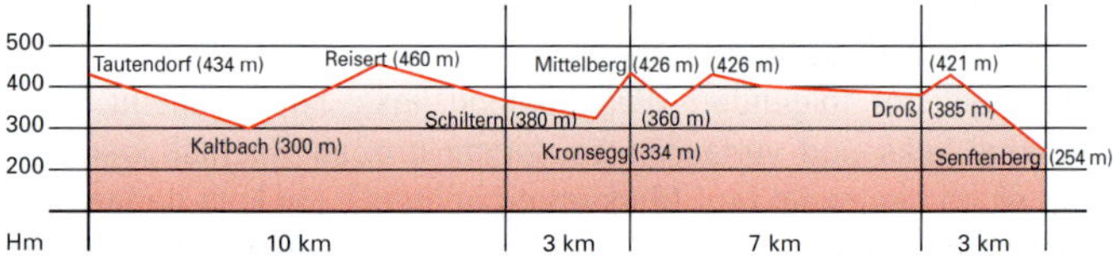

Zufahrt:

Siehe 5. Tagesetappe. Busverbindung von Schiltern, Mittelberg und Droß nach Langenlois bzw. Krems an der Donau (Bahnanschluss) und von Senftenberg nach Krems an der Donau, Gföhl und Zwettl.

Einkehr/Übernachtung/Kontrollstellen:

Schiltern: Nächtigungsmöglichkeit im Privatquartier Irene Parisch, Obere Straße 10, A-3553 Schiltern, Tel. 02734/8593 oder 0664/4830798 und Gabis Weinschenke, Obere Straße 18, A-3553 Schiltern, Tel. 02734/8566, Montag Ruhetag (keine N)

Mittelberg: Gasthaus Monika Hofbauer, Mittelberg 14, A-3550 Langenlois, Tel. 02734/2948 oder 0664/5824468, (abends geöffnet) (N)

Droß: Gasthof „Zum Alten Bierkeller", E. u. G. Reithner, Hauptstr. 81, A-3552 Droß, Tel. 02719/2377, Mittwoch Ruhetag (N), oder wahlweise

Fam. Karl und Elisabeth Schlager, A-3552 Droß 94, Tel. 02719/2546 (N)

Senftenberg: Gasthof-Pension Leopold Janu, Unterer Markt 53, A-3541 Senftenberg, Donnerstag Ruhetag (N), Tel. 02719/2230, E-Mail: info@janu.at, Homepage www.janu.at

Karten:

ÖK 1:50.000, Blätter 21 (Horn), 37 (Mautern an der Donau), 38 oder 4317 (Krems an der Donau)

F&B Wanderkarte WK 072 (Kamptal – Gars – Zwettl – Horn – Langenlois)

Kompass Wanderkarte 203 (Waldviertel – Wachau)

Info:

GI Droß, Tel. 02719/8700
Senftenberg, Tel. 02719/2319, Fax: DW 18
Langenlois, Tel. 02754/2000

Wissenswert:

Schiltern: Markt, Straßendorf, Dreiseit- und Hakenhöfe. Pfarrkirche heiliger Pankraz, Pfarre 1254, Hochaltar 2. Hälfte 18. Jahrhundert. Pestkapelle aus 1713, Pranger mit Ritter 17. Jahrhundert, Johann-Nepomuk-Säule Mitte 18. Jahrhundert, Donatus-Höhle mit Säule um 1720. Schloss 1636 erbaut, Mitte 18. Jahrhundert umgeändert. Zwei Rundtürme mit Zwiebelhelmen, Rundbogentor mit Aichelburgwappen, vierseitiger Turm mit Uhr, Stuckdecken, Rokoko-Gartentor mit Putten und Schmiedeeisengitter.
Mittelberg: Straßendorf mit frühem Dreieckanger, Dreiseit- und Hakenhöfe. Pfarrkirche heiliger Wolfgang, Pfarre seit 1784, spätgotischer Chor um 1440 mit Kreuzrippengewölbe, Strebepfeiler und Maßwerkfenster, Westturm mit Zwiebeldach aus 1790–93, Gemälde Heilige Dreifaltigkeit von Martin Johann Schmidt aus 1800.
Droß: Mehrstraßendorf, Dreiseithöfe. Schloss dreigeschossiger Renaissancebau, 1726 umgestaltet. Hauptfront im Osten mit großem Rundbogentor und viergeschossigem Mitteltürmchen mit Zwiebelhelm. Rittersaal mit Deckenfresko aus dem 18. Jahrhundert, Kamine um 1800, Umfriedungsmauer mit runden Türmchen, Haupttor mit Flachgiebel zwischen kuppelgekrönten Pfeilern. Schlosskapelle heiliger Georg. Pfarre urkundlich erste Hälfte des 14. Jahrhunderts.
Senftenberg: Markt seit 1583, Gassengruppendorf, Weinhauerhäuser, Dreiseit- und Hakenhöfe. Spätgotische Pfarrkirche heiliger Andreas, Pfarre seit 1304, Anfang des 18. Jahrhunderts barockisiert, befestigste Lage malerisch auf einem Felsen gelegen. Burgruine urkundlich 1197 erwähnt, seit 1645 zerstört, oberhalb der Kirche gelegen.

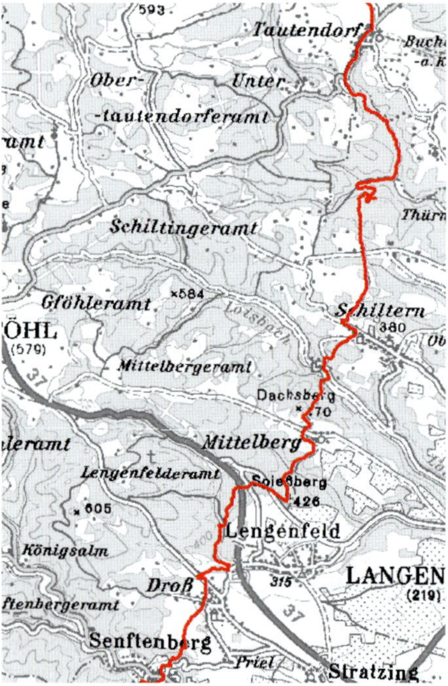

Der Weg:

Wir durchwandern Tautendorf bis zur Ortsmitte, bleiben auf der Straße Richtung Gföhl und zweigen zwischen einem Holzkreuz und einem Verkehrsspiegel nach links in den Hofaufschließungsweg Schütz ab, gehen hinunter zum Stiefernbach, den wir aber nicht übersetzen, sondern geradeaus am Gehöft Schütz vorbei bachabwärts weitergehen, um nach ca. 150 m bei einer Furt über den Stiefernbach wieder auf unsere rot-weiß-rote Markierung zu stoßen. (Hier sei angemerkt, dass entlang des Stiefernbaches, der siebenmal auf Furten überquert wird, oft widrige Wasserverhältnisse herrschen. Aus diesem Grund wurde eine Variante 06A geschaffen, die noch vor dem Gehöft über ein Brücklein nach rechts über den Stiefernbach hinauf auf die Anhöhe von Sechshütten verläuft. Weiter an einem Bildstock und einem Bauernhaus vorbei hinein in den Wald, um bei einer scharfen Kehre den Kaltbach zu erreichen und diesen bis zu seiner Überquerung entlangzuwandern.) Wir folgen dem Hauptweg auf einem breiten Wiesenweg weiter den Stiefernbach entlang, landschaftlich wunderschön, übersetzen einige Male diesen Bach und gelangen so in den Bereich des Zusammenflusses von Stiefernbach und Kaltbach. Wir halten uns nach rechts und folgen dem Weg nach Tautendorf. Nach ca. 15 Min. wenden wir uns jedoch nach links, dem Weg 06 (Wegtafel) folgend, übersetzen den Schwarzbach und den Kaltbach, wandern diesen ein kurzes Stück flussabwärts und sodann eine breite Forststraße entlang. Diese windet sich in Serpentinen leicht bergan, und wir gelangen auf die

Anhöhe des Reisert, übersetzen die nach Oberreith führende Straße, gehen geradeaus weiter und wandern zwischen Wiesen und Feldern, bis wir auf die Ortstafel von Schiltern treffen.
Gehzeit: Tautendorf – Schiltern 2 Stunden

Beim Schloss Schiltern zweigen wir rechts Richtung Kronsegg ab. Unmittelbar nach dem Ortsende von Schiltern verlassen wir die Straße nach links in den Wald (Bildstock). Auf bequemen Wegen wandern wir leicht abwärts und gelangen zur Straße nach Kronsegg, folgen dieser Straße nach links Richtung Langenlois, gehen entlang des Loisbaches, den wir nach ca. 200–300 m übersetzen, um die Straße nach rechts zu verlassen und unseren Marken zunächst leicht, später dann stärker bergan in den Wald zu folgen und hinauf auf den Dachsberg (470 m) zu gelangen. Hier wandern wir weiter und gehen auf die ersten Häuser von Mittelberg zu. Auf der Hauptstraße in Mittelberg wenden wir uns nach links, um die Kontrollstelle GH Familie Hofbauer aufzusuchen.
Gehzeit: Schiltern – Mittelberg 1 Stunde

Nach Verlassen der Kontrollstelle gehen wir an den Ortsanfang zurück, zweigen beim Feuerwehrhaus links ab, bleiben auf dem asphaltierten Güterweg, gehen nach etwa 5 Minuten nach rechts auf einen nicht asphaltierten Güterweg und halten uns kurz darauf gleich wieder nach rechts. Unser Weg führt vorbei an einem Eisenkreuz und einem Bildstock, wir überschreiten auf einem Holzsteg ein Bächlein und wandern zunächst auf breitem Waldweg, von dem wir später nach links in einen Steig überwechseln. Bei einer Wegkreuzung oberhalb eines Weingartens halten wir uns scharf nach rechts, überqueren die Straße Lengenfeld – Gföhl, gelangen in weiterer Folge zu einer zweiten Verbindungsstraße Lengenfeld – Gföhl, gehen ein kleines Stück nach links, um sie sofort wieder in spitzem Winkel nach rechts in einen Waldweg zu verlassen. Anschließend kommen wir zur Schnellstraße B 37, übersetzen diese auf einer Brücke und biegen kurz danach auf einen Forstweg nach links ab, um später wieder im rechten Winkel nach links abzuzweigen. Hier wandern wir nun entlang eines Wildzaunes, an dessen Ende wir nach rechts auf eine Fahrstraße abbiegen. Bei einem verfallenen Hochstand wieder im spitzen Winkel nach links, wandern wir ein Stück am romantischen Rauhirschbach entlang, erreichen die Unterführung der B 37, gehen über die Grenzgrabenbrücke und wenden uns unmittelbar danach sofort nach rechts in einen

Wald- und Wiesenweg. Wieder ein kurzes Stück an einem Wildzaun entlang, kurz steil bergauf und unmittelbar nach Verlassen des Waldes sofort wieder im spitzen Winkel nach links zurück, um den vor uns liegenden Schäferhof zu erblicken, auf den wir zugehen, durch den Schäferhofweg zur Straße und beim Haus Nr. 142 nach links einbiegen, um kurz darauf nach Droß zu den Kontrollstellen zu gelangen.
Gehzeit: Mittelberg – Droß 2 Stunden

Um unseren Weitwanderweg fortzusetzen, gehen wir zunächst zur Kirche, am Weiher vorbei und vor dem Schloss die Straße nach rechts, um kurz danach rechts auf einen asphaltierten Güterweg abzuzweigen. Schöner Rückblick auf Kirche und Schloss Droß. Am Horizont gewahren wir ein Holzkreuz, an dem unser Weg vorbeiführt. Von weitem erblicken wir das mächtige Stift Göttweig. Bei der nächsten Weggabelung halten wir uns rechts, um nach etwa 60 m den Feldrain nach links zu verlassen und kurz danach in den Wald und bergab – das letzte Stück auf der Straße Droß – Senftenberg – in den letztgenannten Ort zu gelangen. Auf dem Marktplatz übersetzen wir die Krems und kommen zur Kontrollstelle GH Leopold Janu.
Gehzeit: Droß – Senftenberg 1 Stunde

7. Tagesetappe

Senftenberg (254 m, K) – Egelsee (400 m, K) – Stein an der Donau (199 m, K) – Oberbergern (359 m, K)

Weg 606, ca. 15 km, 4 1/4 Stunden, leichte Tour.

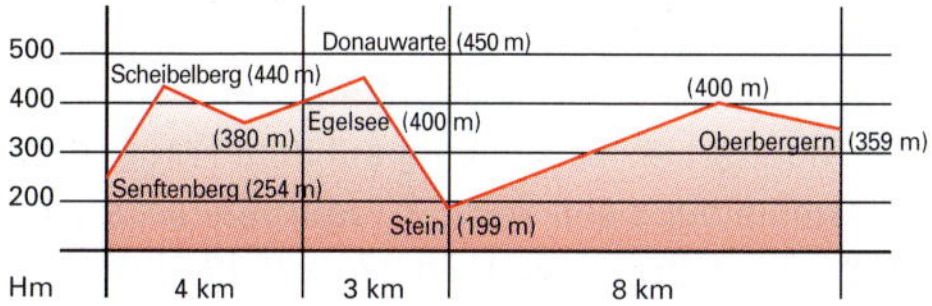

Zufahrt:

Siehe 6. Tagesetappe. Busverbindung von und nach Krems an der Donau von Egelsee, Stein an der Donau und Oberbergern. Bahnanschluss in Krems an der Donau und Stein-Mautern.

Einkehr/Übernachtung/Kontrollstellen:

Egelsee: Landgasthof Lechner, Sandlstraße 11, A-3500 Krems-Egelsee, Tel. 02732/41201, Montag und Dienstag Ruhetag (N), oder

Stein an der Donau: Gästehaus Einzinger, Steiner Landstraße 82, 3504 Krems-Stein, Tel. 02732/82316 (N)

Oberbergern: Gasthof-Pension „Zum Goldenen Hirschen“, H. Wagner, Oberbergern 33, A-3512 Oberbergern, Tel. 02714/7201, Montag ab 14 Uhr und Dienstag Ruhetag (N)

Karten:

ÖK 1:50.000, Blatt 37 (Mautern an der Donau) oder 4317 (Krems an der Donau) und 4323 (Sankt Pölten)

F&B Wanderkarte WK 071 (Wachau – Dunkelsteiner Wald – Yspertal – Jauerling)

Kompass Wanderkarte 203 (Waldviertel – Wachau)

Info:

GI Krems an der Donau: Tel. 02732/82676, Fax: 02732/70011

Wissenswert:

Egelsee: Gassengruppendorf, Dreiseit- und Hakenhöfe. Pfarrkirche hl. Johann und Paul, Pfarre seit 1784. Kreuzrippengewölbter gotischer Chor um 1400, im 18. Jahrhundert barockisiertes tonnengewölbtes Schiff mit Strebepfeilern, Westturm mit Zeltdach, Hochaltar Mitte 18. Jahrhundert, Seitenaltar um 1800. Haus Nr. 53 mit Sgraffitofries, Scheibenhof zweigeschossiger Hauptbau mit quadratischen Ecktürmen, 16. Jahrhundert.

Stein an der Donau: Frühgeschichtlicher und frühmittelalterlicher Siedlungsplatz, urkundlich erwähnt 8. Jahrhundert als Ansiedlung auf dem Frauenberg in steiler Felslage. Markt und Stadtsiedlung seit dem 12. Jahrhundert an der Donau als Kaufmannstraße. Gotisches Brückentor, im 17. und 18. Jahrhundert verändert. Pfarrkirche heiliger Nikolaus, Pfarre seit 1263. Dreischiffige gotische Staffelkirche aus der 2. Hälfte des 15. Jahrhunderts, Netzrippengewölbe. Westturm mit Durchgang, reiches Kielbogentor, im Oberteil barock. Deckenfresko von Martin Johann Schmidt. Gotischer Karner aus 1462. Frauenbergkirche Mariä Himmelfahrt, auf Felsen nördlich oberhalb der Pfarrkirche gelegen. Ehemalige Minoritenkirche heiliger Ulrich, spätromanische Pfeilerbasilika, geweiht 1264.

Mautern an der Donau: Römerort Favianis, das „Mutaren" des Nibelungenliedes, urkundlich 907 erwähnt. Neben Traismauer die römische Kastellform im Siedlungskern am besten erhalten. Die Hauptstraße noch im Zuge der Via principalis geführt. Erweiterung nach 1000 um Kirche und Burg gegen den Brückenkopf an der Donau. Pfarrkirche heiliger Stephan, Pfarre 1050, gotischer Bau um 1400, 1697 barockisiert, klassizistisch-gotisierende Kanzel Anfang 19. Jahrhundert, Kreuzwegstationen von Martin Johann Schmidt um 1770, Taufbecken um 1700. Pfarrhof spitzbogig verstäbtes gotisches Nordtor. Ehemalige Margaretenkapelle an der Stadtmauer, urkundlich 1083, spätgotisch, barockisiert. Schloss ehemals im Besitz der Bischöfe von Passau. Prächtige Häuser.

Der Weg:

Nach Verlassen der Kontrollstelle gehen wir ca. 30 Schritte zurück und zweigen links in ein kleines Sträßchen ab, auf dem wir ca. 10 Minuten die Krems flussaufwärts wandern, um es dann nach links zum „Scheiblberg“ zu verlassen. Hier treffen wir auch auf den Waldviertel-Weitwanderweg 666 (dzt. noch 606) des Österreichischen Touristenklubs, der Krems mit Grein verbindet. Ein Steig führt uns in Serpentinen bergauf durch Mischwald in den Bereich des Scheiblberges (486 m) mit seinen bizarren Fels- bzw. Steinformationen. Wir stoßen auf eine Forststraße, auf der wir geradeaus bergauf, der Markierungstafel „Zum Waldhof“ entsprechend, weitergehen. Auf der Anhöhe tref-

fen wir auf einen weiteren Wegweiser „Waldhof-Egelsee“ sowie eine Wegtafel 606, denen wir nach halbrechts folgen. Von hier streben wir abwärts, zwei Forstwege querend, vorbei am Maierkreuz, hinunter, den Frauenbach übersetzend, dann wieder bergan, einen Forstweg querend zum Forsthaus Waldhof. An diesem geradeaus vorbei auf einen weiteren Forstweg, diesen 15 Schritte nach rechts benützen und sogleich wieder nach links abbiegen. Nach ca. 300 m zweigen wir bei einer umzäunten Forstkultur nach rechts ab, wandern geradeaus auf einem bequemen Waldweg weiter, queren einen Forstweg und übersetzen bei einem Rastplatz schräg eine weitere Forststraße, gehen wieder bergab und kommen so hinunter zum Schießplatz Egelsee. Wir gehen nach rechts die Friedhofstraße leicht bergan, am Friedhof vorbei und gelangen nach Egelsee. Nach einem kurzen Stück in der Sandlstraße treffen wir in der Kontrollstelle GH Lechner (N) ein.
Gehzeit: Senftenberg – Egelsee 1 1/2 Stunden

Von der Kontrollstelle wenden wir uns in die Sandlgasse, gehen weiter durch die Braunsdorferstraße bis zum Ortsende von Egelsee, vorbei an einem großen Bildstock und über eine Kuppe (herrlicher Blick ins Donautal), wo wir unmittelbar danach die Straße nach rechts Richtung Donauwarte verlassen. Geradeaus gehen wir an einem Schranken vorbei und gelangen auf die Anhöhe zur 450 m hoch gelegenen Donauwarte, die 1884 durch den Österreichischen Touristenklub errichtet wurde.
Vor der Warte führt unser Weg links bergab, sodann rechts auf einen breiteren Weg, in Serpentinen durch Weingärten, einige Male Abschneider benützend und mit herrlichen Ausblicken auf das Donautal und Stift Göttweig. Bei den ersten Häusern angelangt, gehen wir durch das „Rebentor“, den Frauenberg hinunter, vorbei am Felsenbrunnen, die Stufen der Hinteren Fahrstraße weiter und direkt zum Rathausplatz von Stein an der Donau. Diesen überschreiten wir, wenden uns nach rechts in die Steiner Donaulände und erreichen kurz darauf, am „Schürerplatz“, das Gästehaus Einzinger.
Gehzeit: Egelsee – Stein an der Donau 1 Stunde

Ab der Kontrollstelle gehen wir weiter die Donaulände entlang Richtung Mauterner Brücke, überqueren auf dieser die Donau und erreichen so Mautern. Es empfiehlt sich, hier Proviant zu kaufen, da bis Neidling dazu keine Möglichkeit mehr besteht.
Wir wenden uns nun Richtung „Parkplatz Römerhalle“, gehen am Gebäude

der Freiwilligen Feuerwehr Mautern vorbei, wandern durch die Schulgasse, biegen nach rechts in die Melkerstraße ein, kommen an einem Kriegerdenkmal vorbei und gehen auf dieser Straße bis in den Weinort Mauternbach weiter, welcher durchwandert wird. Nach einer starken Linkskehre zweigt unser Weg bei einem Bildstock, den Wegweisern Oberbergern – Tote Frau, Dunkelsteiner Wald, Weyersdorf folgend, nach rechts ab und führt ca. 100 m auf dem so genannten „Römerweg Steinplatte" leicht bergan. (Siehe Tafel: Zwischen Mautern und Melk hatten die Römer befestigte Grenzposten. Diese waren durch eine gut ausgebaute Straße verbunden. Typisch für diese römischen Straßen ist die Ausbildung von Gleisen. Hier wurden auch ca. 60 m^3 Fels herausgearbeitet, um eine gleichmäßige Steigung zu erreichen.) Bei dieser Tafel verlassen wir den Weg nach rechts, um nach ca. 60 m abermals in spitzem Winkel nach rechts hinauf zum Wald abzuzweigen. Durch Mischwald gelangen wir auf eine Anhöhe (Blick auf Unterbergern), gehen kurz am Waldrand entlang und biegen anschließend nach rechts in einen Landwirtschaftsweg ein. (Von hier aus ist ein Abstecher zur 370 m hoch gelegenen Ferdinandswarte möglich.) Bei einer Weggabelung halten wir uns rechts und bleiben geradeaus dem Wegweiser Oberbergern folgend auf unserem Landwirtschaftsweg. Bei einer weiteren Markierungstafel – knapp 500 m vor der Anhöhe – halten wir uns nach links über ein Feld, gehen auf einem asphaltierten Zufahrtsweg nach rechts und sehen schon vor uns die Ortschaft Oberbergern, wo wir wenig später eintreffen. Wir erreichen die Kremserstraße, biegen rechts ein, um kurz darauf bei der Kontrollstelle GH und Pension „Zum Goldenen Hirschen" unseren Kontrollstempel einzuholen.
Gehzeit: Stein an der Donau – Oberbergern 1 3/4 Stunden

8. Tagesetappe

Oberbergern (359 m, K) – Ammering (598 m) – Weyersdorf (486 m) – Neidling (312 m, K) – St. Pölten (271 m, K)

Weg 606, ca. 30 km, 7 1/2 Stunden, leichte Tour.

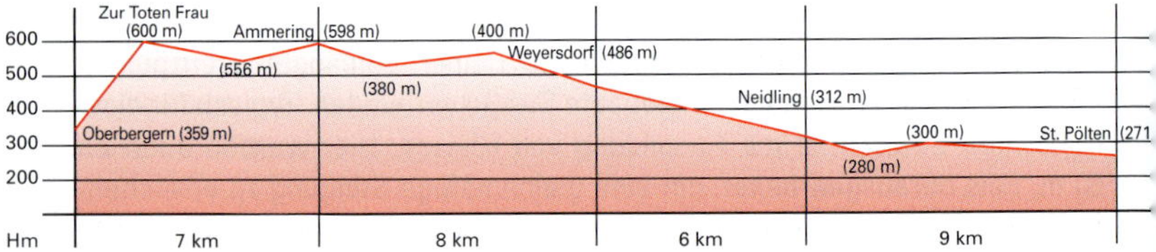

Zufahrt:

Siehe 7. Tagesetappe. Bahnverbindung von St. Pölten nach Wien, Linz, Krems an der Donau, Wilhelmsburg-Kreisbach, St. Aegyd am Neuwalde und Mariazell. Busverbindung von Weyersdorf und Neidling nach St. Pölten, von hier nach Wilhelmsburg und Mariazell (Sommer).

Einkehr/Übernachtung/Kontrollstellen:

Weyersdorf: Gästehaus Speiser, Heitzing, Wachauerstraße 61, A-3121 Karlstetten, Tel. 02741/83740 (N)

Neidling: Gasthaus Richard Jachs, Neidling 12, A-3100 St. Pölten, Tel. 02741/8287, Dienstag und Mittwoch Ruhetag (keine N)

St. Pölten: Gasthof-Pension Leo Graf, Bahnhofplatz 7, A-3100 St. Pölten, Tel. 02742/352757 oder 0664/3387130, Samstag und Sonntag Ruhetag, N trotzdem möglich oder wahlweise Bahnhof St. Pölten (nur K)

Karten:

ÖK 1:50.000, Blätter 37 (Mautern an der Donau), 55 (Ober-Grafendorf), 56 oder 4323 (St. Pölten)

F&B Wanderkarte WK 071 (Wachau – Dunkelsteiner Wald – Yspertal – Jauerling)

Kompass Wanderkarte 203 (Waldviertel – Wachau)

Info:

TV Niederösterreich Zentral, A-3100 St. Pölten, Rathausplatz 1,
Tel. 02742/353354, Fax: 02742/333-2819,
E-Mail: tourismus@st-poelten.gv.at

GI St. Pölten: wie TV

Wissenswert:

Neidling: Weiler, Dreiseithöfe. Pfarrkirche hll. Peter und Paul, Pfarre seit 1784, spätgotischer Bau von 1495 mit dreijochigem netzrippengewölbten Langhaus, Maßwerkfenster, Hochaltar neugotisch, Ende 18. Jahrhundert. Grabmal der Mazeber, 1563.

St. Pölten: Stadt mit eigenem Statut, Landeshauptstadt. Römerort Aelium Cetium, ältestes niederösterreichisches Marktprivileg aus 1058, Stadt seit 1247. Hippolyt-Kloster war das älteste Kloster des Landes, eines der ältesten Süddeutschlands, passauischer Besitz, nach 1490 landesfürstlich. Glänzender Aufstieg der Stadt in der Barockzeit, zahlreiche kirchliche und weltliche Bauten, Wohnort berühmter Architekten, Bildhauer und Maler. Domkirche Mariä Himmelfahrt im 17. Jahrhundert leicht barockisiert. Im Inneren die Rosenkranzkapelle. Bischofsoratorium über der Sakristei, silberner Altar um 1650. Bischofshof, ehemaliges Chorherrenstift, große zweigeschoßige Baugruppe mit fünf Höfen, Brunnen, Ausgrabungen des Domkreuzganges, römische Mauer- und Terrasigillata-Funde. Bischöfliche Hauskapelle mit Altargemälde aus 1610. Franziskaner-Pfarrkirche Heilige Dreifaltigkeit als Karmeliterkirche erbaut 1757–68. Klosterkirche der Karmeliterinnen mit prächtiger konkaver Fassade mit Freitreppe, hohem Giebel und reichem Statuenschmuck. Institut der Englischen Fräulein, prunkvolle zweigeschoßige Front. Bischöfliches Seminar, ehemaliges Franziskanerkloster, gegründet 1455, umgebaut im 18. Jahrhundert. Armenhaus, ehemals Bürgerspital, gegründet 1395. Rathaus, lang gestreckter Bau durch Zusammenziehung zweier Häuser nach 1567, Zubau 1581. Prachtvolle Häuser mit Barock- bzw. Renaissancefassaden. Dreifaltigkeitssäule auf dem Rathausplatz, 1767–87, Mariensäule aus 1718 auf dem Herrenplatz, Johann-Nepomuk-Säule 1724, Kriegerdenkmal aus 1924. Kalvarienberg im Südwesten der Stadt, Treppenanlage von Franz Munggenast 1745. Stadtmuseum mit urgeschichtlichen und römerzeitlichen Funden.

Der Weg:

Wer in Oberbergern genächtigt hat, geht das kurze Stück zur Straßenkreuzung bzw. Kapelle zurück, um dort nach rechts zum Wald abzuzweigen, in der Folge den Halterbach zu übersetzen und an den letzten Häusern von Oberbergern hinauf in den Wald zu wandern. Nach einer Linkskehre geht das asphaltierte Sträßchen in einen Waldweg über, wir halten uns bei der ersten Wegkreuzung nach links und folgen unseren rot-weiß-roten Marken. Von unserem Forstweg gelangen wir auf einen Fußsteig, um kurze Zeit später nach rechts in den Jungwald einzubiegen (auf Markierung achten!). Nun gehen wir einen Hohlweg entlang, queren eine Forststraße, wählen bei zwei eingezäunten Forstaufschließungsflächen den rechten Weg, übersetzen geradeaus einen weiteren Forstweg, um gleich darauf (ca. 45 Minuten ab Oberbergern) die Hubertuskapelle „Zur Toten Frau" zu erreichen. Die heutige Kapelle wurde 1803 erbaut und 1891 durch den Mauterner Arzt Knappel erneuert (Turm aufgesetzt, Glocke gespendet). In weiteren 10 Minuten sind wir beim Holzkreuz „Beim Toten Mann", weiter auf einem Forstweg, um bei einer weiteren Aufforstungsfläche nach links in einen Waldweg einzuschwenken. Wir bleiben auf unserer Forststraße und unserem Weg, der allmählich in einen Forstweg übergeht, bis wir zu einer weiteren Forststraße gelangen, der wir nach rechts bis zur Landstraße Wolfenreith – Landersdorf folgen. Auf der Landstraße wenden wir uns kurz nach links, um gleich darauf nach rechts in einen breiten Weg einzuschwenken (Wegweiser Wenningerkreuz/Weyersdorf/

Hausenbach, Weg 06). Die Richtung auf dieser Forststraße beibehaltend, geht es über den Ammering (598 m), dann hinunter am Wenningerkreuz vorbei (mehrere Wege, die rechts und links von unserer Forststraße abzweigen, nicht beachten) zur Landstraße Viehausen – Ambach, und diese überschreitend wird in eine weitere Forststraße mit Wegweiser Weyersdorf – Hausenbach – St. Pölten eingebogen. Bei einem Anwesen verlassen wir diese Forststraße in einen Feldweg nach rechts. Bei der folgenden Weggabelung halten wir uns nach links, der Wald nimmt uns wieder auf, und auf der Anhöhe – bei einem alten Grenzstein mit der Aufschrift „Salzburg 17. Jhdt." – wenden wir uns nach rechts, um nach ca. 200 m unter einer Hochspannungsleitung hindurch, auf dem Forstweg nach links, nach etwa 100 m auf einer weiteren Forststraße in spitzem Winkel nach rechts, um nach weiteren 100 m wieder zur Markierung und in einen Waldweg überzugehen. Wir wandern auf weichem Waldboden hinab zu einer neuerlichen Forststraße, dieser nach links folgend, vorbei am Schreflkreuz, behalten unsere Richtung auf der Forststraße bei, um nach etwa 5 Minuten ab dem Schreflkreuz die Forststraße in einen Waldweg nach links zu verlassen (besonders genau auf die Markierung achten!). Zwei weitere Forststraßen werden gequert, um sich schließlich in der dritten nach links zu halten und auf dieser hinunter durch den Wald, später auf freier Wiesenfläche zur Straße Weyersdorf – Doppel zu wandern, um in diese rechts einzuschwenken und nach Weyersdorf zu gelangen. (Wanderer, die beabsichtigen, in Heitzing zu nächtigen, wenden sich in die nach Heitzing bzw. Karlstetten führende Straße nach links, um das Privatquartier Speiser zu erreichen. Es ist nicht erforderlich, nach Weyersdorf zurückzukehren, sondern den Quartiergeber nach dem Weiterweg zu befragen.) In Weyersdorf stoßen wir auf die Straße Karlstetten – Gansbach, die wir noch vor einer Kapelle (Autobushaltestelle) übersetzen.
Gehzeit: Oberbergern – Weyersdorf 3 3/4 Stunden

Wir folgen unserem Weg weiter nach rechts, gleich darauf wenden wir uns abermals rechts, nach ein paar Metern nach links, weiter auf einem Fahrweg hinein in den Wald, vorbei an einer Kapelle, und folgen immer geradeaus dem Fahrweg bis hinab nach Hausenbach. Wir erreichen die Straße, die nach Karlstetten führt, halten uns rechts am Schloss vorbei durch den Ort, ein kurzes Stück bergauf und dann rechts Richtung Neidling. Auf der Straße geht es schließlich hinunter zur Kontrollstelle.
Gehzeit: Weyersdorf – Neidling 1 1/4 Stunden

Wir wandern durch Neidling bis zum Gemeindeamt und biegen hier links in Richtung Flinsbach ab. Vor der Brücke über den Kremnitzbach wenden wir uns gleich wieder nach rechts, am rechten Ufer entlang bis zu einer Brücke, wo wir den Bach übersetzen, uns sofort wieder nach rechts wenden und nun dem Kremnitzbach an dessen linken Ufer auf einem Wiesenweg folgen. In Pultendorf queren wir die Straße Flinsbach – Afing, wenden uns ca. 200 m später – bei einem einzeln stehenden Starkstrommast – zwischen Feldern nach links hinauf, biegen wieder ca. 150 m später rechts in einen Feldweg ab und gelangen auf eine Anhöhe mit herrlichen Fernblicken. Wir wandern an einem Feldkreuz vorbei geradeaus auf ein Wäldchen zu, beim ersten Feldweg jedoch wenden wir uns nach rechts, der uns hinab nach Waitzendorf führt. Wir kommen zur Goldeggerstraße, biegen links ein, folgen ihr ca. 100 m, wenden uns vor dem Haus Goldeggerstraße Nr. 81 nach rechts und unmittelbar danach nach links am Reitclub St. Hippolyt vorbei. Ehe wir einen markanten Hochspannungsmast erreichen, wenden wir uns nach links in einen Feldweg, hinauf auf eine kleine Anhöhe, queren nach rechts die Straße Hofing – St. Pölten, biegen in den ersten Feldweg nach links ein, gehen durch die Unterführung der Westbahn geradeaus auf eine weitere Anhöhe bis zu einem Transformator, nach dem wir uns links in die Waldstraße nach St. Pölten wenden. Hier im Stadtwald quert der von der Maria Lourdes Kirche ausgehende und mit stilisierter Basilika bezeichnete „Pielachtaler Pilgerweg" unsere Route, der – wie sein Name andeutet – durch das Pielachtal führt und nach 90 km Mariazell erreicht. Wegverlauf: Maria Lourdes Kirche – Alpenbahnhof – Nadelbach – Schwadorf – Matzersdorf – Ebersdorf – Klangen – Weinberg – Grünau – Mainburg – Rabenstein (Pfarrkirche Taufkirche von DDr. Franz Kardinal König) – Warth – Kirchberg an der Pielach – Dobersnigg – Loich – Schwarzenbach an der Pielach – Annaberg – Sabel – Fadental – Walster – Habertheuersattel – Mariazell. Wir aber wenden uns – der quadratischen Tafel „06" folgend (nicht dem gelben Pfeil „Mariazell") – hinab zum Schießstattring, übersetzen diesen und gelangen durch die Khittelstraße zum St. Pöltner Hauptbahnhof.
Gehzeit: Neidling – St. Pölten 2 1/2 Stunden

9. Tagesetappe

St. Pölten (271 m, K) – Wilhelmsburg/Kreisbach (321 m, K) – Kaiserkogel (716 m, K)

Weg 606, ca. 25 km, 6 1/2 Stunden, leichte Tour.

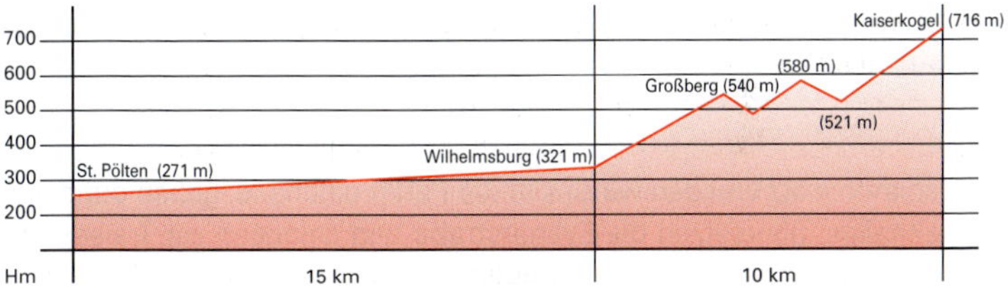

Zufahrt:

Siehe 8. Tagesetappe.

Einkehr/Übernachtung/Kontrollstellen:

Wilhelmsburg/Kreisbach: Landgasthof Reinberger, Kreisbacherstraße 11, A-3150 Wilhelmsburg, Tel. 02746/2364, Sonntag ab 15 Uhr und Montag Ruhetag (N)

Kaiserkogelhütte: A-3153 Eschenau, Tel. 02762/67242, ganzjährig bewirtschaftet, Dienstag Ruhetag (N), Österreichischer Touristenklub, Sektion Eschenau, Tel.: 01/5123844

Karten:

ÖK 1:50.000, Blätter 56 (St. Pölten), 55 (Ober Grafendorf) oder 4329 (Wilhelmsburg)

F&B Wanderatlas Wienerwald

Kompass Wanderkarte 213 (Pielachtal – Traisental – St. Pölten)

Info:

GI Wilhelmsburg an der Traisen, Tel. 02746/2315, Fax: DW 64

Wissenswert:

Kreisbach: Gemeinde Wilhelmsburg. Viertürmiges Schloss „Dietricus de Chrebezbach 1180". 1853 abgebrochen bis auf das große Renaissance-Tor aus 1625.

Wilhelmsburg: Markt seit 1297, gewachsene Siedlung, Gassengruppendorf. Pfarrkirche heiliger Stephan, Pfarre seit 1203, dem Zisterzienserstift Lilienfeld inkorporiert. Massiger Westturm, Kreuzrippengewölbe, Vorhalle mit großen Sandsteinstatuen, Glasmalereireste um 1400, Seitenaltar 1747, Hochaltarbild von Johann Schindler 1822, Wappengrabsteine um 1300. Marienkapelle mit Pfarrhof verbunden, geweiht 1320, Pestsäule aus 1678, Judas-Thaddäus-Säule aus 1727.

Der Weg:

Vom Bahnhofsplatz wenden wir uns in die Parkpromenade, gehen durch die Westbahnallee, übersetzen die Eybnerstraße und gelangen zur Traisenpromenade, in die wir nach rechts einbiegen. Hier treffen wir auf die Hinweistafel Ochsenburg – Wilhelmsburg – Kaiserkogel unseres Mariazellerweges 06. Wir wandern – vorbei am neu entstandenen Regierungsviertel – die Traisen flussaufwärts und übersetzen den Fluss nach knapp 12 km auf einer Steinbrücke, kurz danach einen Seitenarm der Traisen, halten uns nach rechts in die Ochsenburgerstraße, kommen wieder zur Traisen, wandern flussaufwärts weiter und unter der Brücke der Traisenbahn hindurch nach Kreisbach zur Kontrollstelle Hotel Leopold Reinberger.
In Wilhelmsburg/Kreisbach treffen wir auf den Voralpenweg 04, den Traisentaler Rundwanderweg 655 und den Waldmarkweg 622. Während uns die Hauptroute des Voralpinen Weitwanderweges bis ein kurzes Stück nach dem Kaiserkogel begleitet, nimmt hingegen der Traisentaler Rundwanderweg 655 hier seinen Ausgang und verläuft nach Göblasbruck und weiter zur Stockerhütte bzw. führt von der Kaiserkogelhütte herab, um hier seinen Kreis zu schließen (Führer im Eigenverlag der OeAV-Sektion Weitwanderer).
Gehzeit: St. Pölten – Wilhelmsburg/Kreisbach 4 Stunden

Wir verlassen die Kontrollstelle – begleitet von den genannten Wegen – halten uns rechts, über die Traisenbrücke, gehen sofort die Stufen links hinunter zur Traisen, benützen die Bösendörflgrabenbrücke und wenden uns unmittelbar danach nach rechts in den Park. Vorbei am Parkbad und über ein Ableitungsbächlein gehen wir nach links in die Lilienfelderstraße, übersetzen die Mariazeller Bundesstraße, folgen dem Kanal aufwärts und biegen nach rechts in die Grubtalstraße ein. Kurz darauf links in ein kleines Gässchen namens „Bösendörfl" und gleich darauf wieder rechts in den Hofaufschließungsweg Zeilerbauer (Wegweiser Burgstaller – Pichler – Dreihöf). Beim ersten Gehöft vorbei richten wir uns nach dem Wegweiser „Zum Kaiserkogel“, wandern zunächst ansteigend über Wiesen, links den Waldrand entlang, später durch Wald und wählen bei der folgenden Forstweggabelung an einer großen Lichtung den linken Weg (Nr. 06 und 655), wonach wir an einer Kapelle und einem Gehöft vorbeikommen und den Graßberg rechts liegen lassen. Wir behalten bequem dahinwandernd unsere Richtung bei, ein weiteres Gehöft liegt links unterhalb des Weges, gehen am unteren Rand einer kleinen und auffälligen Aufforstungsfläche entlang und treffen im Bereich der Ansiedlung Dreihöf auf den Pielachtaler Rundwanderweg 652, wo wir uns scharf nach links wenden.

Nach etwa einer Viertelstunde erreichen wir ein kurzes Waldstück und das Plambacheck, vorbei an den Häusern Engelmaier und Kalternberg zum Haus Wieß 16 an einer Querstraße, der wir nach links folgen. Rechter Hand sehen wir eine Kriegsopfergedenkstätte, folgen der Straße weiter hinab bis zur Meiselhöhe, überschreiten die Straße Steubach – Mainburg und wandern weiter ansteigend durch Wald und über Weiden vorbei am Gehöft Haglbauer, um schließlich auf dem Kaiserkogel und seiner gleichnamigen Hütte einzulangen.

Gehzeit: Wilhelmsburg/Kreisbach – Kaiserkogel 2 1/2 Stunden

10. Tagesetappe

Kaiserkogel (716 m, K) – Tradigist (480 m, K) – Breinmühl (430 m) – Hohenstein (1195 m, K) – Türnitz (466 m, K)

Weg 606, ca. 25 km, 8 1/4 Stunden, leichte bis mittlere Tour.

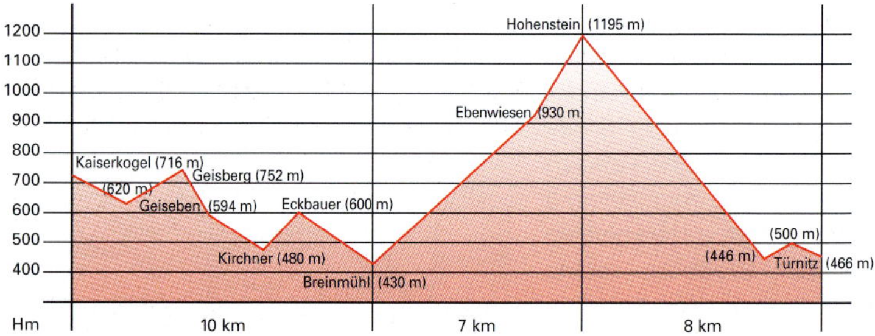

Zufahrt:

Bahnanschluss in Tradigist (7 km von Breinmühl) nach St. Pölten und Mariazell, Busverbindung von Türnitz nach Wien und Mariazell.

Einkehr/Übernachtung/Kontrollstellen:

Tradigist: Eva Bichler vulgo Oberer (ehem. GH Kirchner), Tradigist 35, A-3203 Rabenstein/Pielach, Tel. 02722/7683 (keine N)

Otto-Kandler-Haus: OeAV-Sektion St. Pölten, Völklplatz 3, A-3100 St. Pölten, Tel. 02742/310311, oder Hütte, bewirtschaftet Anfang Mai bis Ende Oktober jeweils Samstag ab 10 Uhr bis Sonntag 15 Uhr und an Feiertagen (N), Winterraum offen, keine Heizmöglichkeit, Auskunft Tel. 0664/5286733

Türnitz: Gasthof „Zum Goldenen Löwen" Brigitte Punz-Bertl, A-3184 Türnitz 8, Tel. 02769/8222, kein Ruhetag (N)

Karten:

ÖK 1:50.000, Blätter 55 (Ober Grafendorf), 73 (Türnitz) oder 4329 (Wilhelmsburg) und 4205 (Sankt Aegyd am Neuwalde)

F&B Wanderkarte WK 031 (Ötscherland – Mariazell – Scheibbs – Lunz am See)

Kompass Wanderkarte 213 (Pielachtal – Traisental – St. Pölten)

Info:

TR Mostviertel, A-3250 Wieselburg, Adalbert-Stifter-Straße 4, Tel. 07416/521 91, Fax: 07416/530 87, E-Mail: office@most4tel.com

GI Türnitz, Tel. 02769/8204, Fax: DW 4

Wissenswert:

Türnitz: Markt 1948, Kirchweiler mit Straßenplatz, alpine Vierseithöfe. Pfarrkirche heiliger Martin, Pfarre 1217, dem Zisterzienserstift Lilienfeld inkorporiert, gotischer Chor mit Kreuzrippengewölbe, barocker Westturm mit neuerem Helm, Orgelchor mit Rokokostuck, Hochaltar aus 1768, figurenreiche Kanzel, spätgotisches Taufbecken, zahlreiche Grabsteine 17. und 18. Jahrhundert. Kapelle Siebenbrunnen zu Mariä Heimsuchung, Zentralbau mit Kuppel und Laterne, geweiht 1729, Altar aus der Bauzeit.

Der Weg:

Wir verlassen die Kaiserkogelhütte in südwestlicher Richtung, wandern vorbei am Sepp-Vogrin-Gedenkkreuz und wenden uns etwa nach einer Viertelstunde nach links (der Voralpine Weitwanderweg 04/E4 verläuft jedoch geradeaus weiter Richtung Rabenstein). Kurz darauf, beim Gehöft Kaiserberg, gehen wir nach rechts und folgen dem Hangweg entlang (Weg Nr. 652). Unser Weg führt durch eine Viehweide, am Waldrand entlang (Markierung beachten!) über Gottfriedsberg und Rempelsberg, wo wir uns halb rechts, ständig ansteigend über Wiesen hal-

ten, drei Zäune überwinden und schließlich auf dem Geisberg (752 m) einen Metallüberstieg benützen, uns unmittelbar danach nach links wenden und vorerst durch Wald, dann großteils über Wiesen hinunter auf den Sattel der Geiseben an der Straße Eschenau – Tradigist wandern, in die wir nach rechts einbiegen. Kurz darauf zweigen wir nach links in den Güterweg Eigelsreith ab, gehen durch das Anwesen Klein Knaushof, wandern durch ein kleines Waldstück und über Wiesen hinab zu einem Hofzufahrtsweg und gelangen zum ehemaligen Gasthof Kirchner vulgo Oberer (Familie Bichler), wo zwar eine Kontrollstelle eingerichtet, jedoch keine Nächtigung möglich ist.
Gehzeit: Kaiserkogel – Tradigist 1 3/4 Stunden

Weiter führt unser Weg unmittelbar bei der Kontrollstelle über den Rotengrabenbach, über die Wiese, zwischen den Wirtschaftsgebäuden des Gehöfts Hofstatt hindurch, am Waldrand rechts entlang hinauf bis zum Hof Eckbauer, wo wir uns knapp davor nach links in einen Karrenweg wenden. Nach etwa 10 Minuten kommen wir zu einem weiteren Karrenweg, etwas verwachsen, welcher, zunehmend breiter, immer fallend und in Serpentinen hinab zur Straße Schrambach – Tradigist verläuft, in die wir nach rechts einbiegen. Unmittelbar nach Überschreiten der Tradigistbachbrücke wenden wir uns nach links in den Güterweg Grabl, wandern bergan bis zum Anwesen Muglbauer in der so genannten Tradigistgegend und zweigen etwa 150 m danach von unserem Güterweg nach links ab. Kurz darauf verlässt uns der hervorragend betreute Pielachtaler Rundwanderweg 652 in Schöngraben nach rechts, während wir geradeaus weiterwandern. Zwischen den Wirtschaftsgebäuden des Hauses Tradigistgegend 32 gehen wir hindurch, steigen sehr steil teils über Wiesen und durch Wald bergan bis zu einem versperrten Gatter, wo knapp links daneben eine Durchgangsmöglichkeit geschaffen ist. Unser Weg führt uns weiterhin bergan, teils über Kahlschläge, hinauf zur Schöngrabenspitze (995 m) und sodann hinunter über die Ebenwiesen. Nach einem sehr steilen Anstieg (im unteren und mittleren Teil der Hohensteinnordflanke ist der Steig abgerutscht und der Steilhang bei Nässe gefährlich, weil schmierig; Begehung mit Kindern ist abzuraten) erreichen wir schließlich das auf dem Hohenstein gelegene Otto-Kandler-Haus der OeAV-Sektion St. Pölten. Hier treffen wir wieder auf den Traisentaler Rundwanderweg 655, den Waldmarkweg 622 und auf die neu geschaffene Variante des Voralpinen Weitwanderweges 04A.
Gehzeit: Tradigist – Hohenstein 3 1/2 Stunden

An den Waschanlagen der Hütte vorbei wandern wir auf einem Steig steil bergab zum Ochsenboden (Abzweigung der Wege 04A, 622 und 655 Richtung Eisenstein), wo wir unserer Markierung nach links auf dem Emil-Zöchling-Weg weiter abwärts Richtung Türnitz zum so genannten Engleitensattel (970 m) folgen. Hier verlassen uns die oben genannten Wege 04A, 622 und 655 in Richtung Schrambach und Lilienfeld, der Traisentaler Rundwanderweg 655 über die Bergkuppe „Am Himmel", die Variante des Voralpenweges 04A und der Waldmarkweg 622 durch den Engleitengraben. Wir hingegen bleiben auf dem Emil-Zöchling-Weg und halten uns rechts. Weiter geht es hinunter zu einem Karrenweg, dem wir links nach Zittertal folgen, wo einige Häuser stehen. Schließlich erreichen wir einen breiteren Güterweg, den wir bereits nach ca. 50 m – dem Wegweiser Türnitz folgend – wieder nach rechts verlassen und gleich anschließend wieder links auf einem Fußweg weitergehen. Ein teils sehr schmaler Hangweg bringt uns dann vorwiegend durch Buchenwald schließlich auf einen bequemeren Weg, von dem wir kurz darauf nach rechts abzweigen, wieder leicht ansteigen, später wieder leicht abwärts zu einigen teils verfallenen Schuppen kommen, wo wir nach rechts einen Zaun übersteigen und über Wiesen und Weiden wieder bergab zum Wald gelangen. Schließlich treten wir aus dem Wald und sehen vor uns bereits Türnitz liegen. Nun müssen wir noch einen an seinem Beginn sehr steinigen und teils steilen Karrenweg hinunter, der uns – über den Stelzerbach – ein kurzes Wiesenstück hinauf und wieder hinab – bei den Wirtschaftsgebäuden des Gehöftes Raxenböck vorbei – zur Bundesstraße Wilhelmsburg – Türnitz bringt, in die wir nach rechts einbiegen, sie aber nach ca. 200 m, beim Wegweiser Obere Au, in den Güterweg Daxböck nach links verlassen. Wir gehen über die Türnitzer Traisen, übersetzen die Bahnlinie Türnitz – Freiland und biegen unmittelbar danach – bei einem Feldkreuz – nach rechts über einen Hang hinaufsteigend zur Marientalpromenade ein. Am Ende dieser Promenade übersetzen wir wiederum die Bahngleise und gelangen so schließlich zum ehemaligen Bahnhof von Türnitz. Um unsere Kontrollstelle zu besuchen, gehen wir rechts über die neue Traisenbrücke, an der Kirche links vorbei und treffen kurz darauf beim Gasthaus „Goldener Löwe" im Markt Türnitz ein.
Gehzeit: Hohenstein – Türnitz ca. 3 Stunden

11. Tagesetappe (Variante 06A)

Türnitz (466 m, K) – Ulreichsberg (871 m) – Walster (834 m, K) – Mariazell (868 m, K)

Weg 606, ca. 31 km, 8 Stunden, leichte bis mittlere Tour.

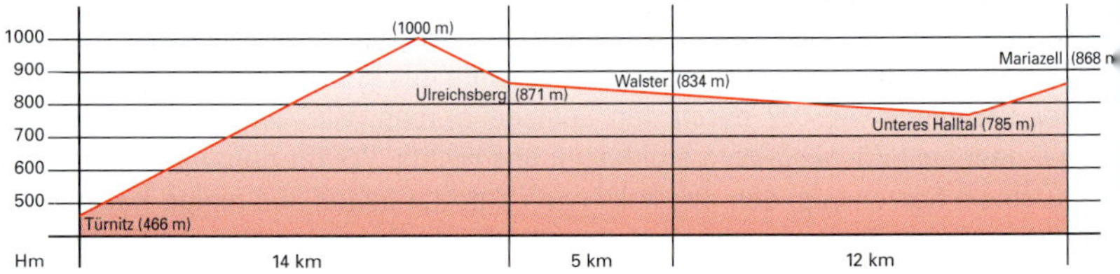

Zufahrt:

Siehe 10. Tagesetappe. Bahnverbindung von Mariazell nach St. Pölten. Busverbindungen nach Wien, St. Pölten, Graz und Eisenstadt (Letztere in den Sommermonaten).

Einkehr/Übernachtung/Kontrollstellen:

Walster: Gasthaus „Zum Hubertussee", Brigitte Reininger, Walster 18, A-8630 Mariazell, Tel. 03882/2235, Montag Ruhetag (N nur im Heulager möglich)

Rechengraben: Privatquartier Maria Schweiger, Rechengraben 7, 8630 Mariazell, Tel. 03882/2962 (N)

Unteres Halltal: Gasthaus „Zur Weinperle", Irene Müller, Halltal 3, A-8630 Mariazell, Tel. 03882/2526, Donnerstag Ruhetag (N), oder

Mariazell: OeAV-VH GH „Ochsenwirt", Glitzner & Plaschek, Arthur-Krupp-Platz 3, Tel. 03882/2407, E-Mail: ochsenwirt@mariazell.at oder Hotel „Himmelreich", Familie Meduna, Wr. Neustädter Straße 1,Tel. 03842/34744, oder Salvatorheim, Abt-Severin-Gasse 7, Tel. 03882/2216, alle A-8630 Mariazell

Karten:

ÖK 1:50.000, Blätter 72 (Mariazell), 73 (Türnitz) oder 4205 (Sankt Aegyd am Neuwalde), 4204 (Gaming) und 4210 (Mariazell)

F&B Wanderkarte WK 031 (Ötscherland – Mariazell – Scheibbs – Lunz am See)

Kompass Wanderkarte 213 (Pielachtal – Traisental – St. Pölten) und 212 (Hochschwab – Mariazell – Eisenwurzen)

Info:

GI Mariazell, Tel. 03882/2366, Fax: 03882/3945

Wissenswert:

Ulreichsberg: Evangelische Kirche.
Hubertussee: Bruder-Klaus-Kirche, das erste Gotteshaus der Steiermark, das dem Friedenspatron Bruder Klaus von Flüe geweiht wurde, ein moderner Bau, der sich schön in die Landschaft fügt. Farbenprächtige Fenster geben dem sakralen Raum eine eigene Note.

Der Weg:

Wer Türnitz keinen Besuch abstatten oder keinen Kontrollstempel einholen möchte, wendet sich nach dem Bahnhof Türnitz – unmittelbar vor der neuen Brücke – nach links und folgt der Traisen flussaufwärts auf einem Fußsteig bis nach Auhof. Bei der Mündung der Türnitz in die Traisen treffen wir wieder auf die durch den Markt Türnitz führende Route unseres Mariazellerweges.
Von der Kontrollstelle wenden wir uns zunächst nach rechts (oder alternativ zur Route durch den Markt Türnitz schräg gegenüber dem Gasthof „Zum Goldenen Löwen" beim ehem. ADEG-Kaufhaus in eine schmale Gasse hinunter zur Tischlerei Kessler und zu einer weiteren Brücke über die Traisen, unmittelbar danach nach rechts in den vom Bahnhof kommenden und oben beschriebenen Fußsteig), wandern in Türnitz den Markt entlang Richtung Mariazell, am Postamt und der Gendarmerie vorbei, biegen dann nach links Richtung Traisengraben ein, kommen zum Zusammenfluss von Türnitz und Traisen, bewegen uns nun in der Schildbachrotte, gehen die Traisen aufwärts, wo nach etwa 1/4 Stunde Gehzeit die Variante B unseres Mariazellerweges Richtung Tirolerkogel nach rechts abzweigt (hier führen auch der Traisentaler Rundwanderweg und der Waldmarkweg vom Tirolerkogel herab), während wir aber auf der Variante 06A die Straße geradeaus weiter Richtung Falkenschlucht wandern. Leider müssen wir diese asphaltierte Straße ca. 1 Stunde lang bis in die Weidenau, den Retzbach aufwärts, benützen. Beim so genannten „Eisernen Tor" verengt sich dann das Tal, und zu beiden Seiten türmen sich die Felsen. Danach wird das Tal zur Falkenschlucht hin wieder breiter. Bei einer Wehranlage halten wir uns rechts und treffen später auf eine bezeichnete Abzweigung, die durch das Dachsental „Zum Annaberger Haus bzw. zum Tirolerkogel" weist. Wir halten uns jedoch geradeaus, kommen noch am Jagdhaus Inner-Eben vorbei und erreichen nach etwa 2 Stun-

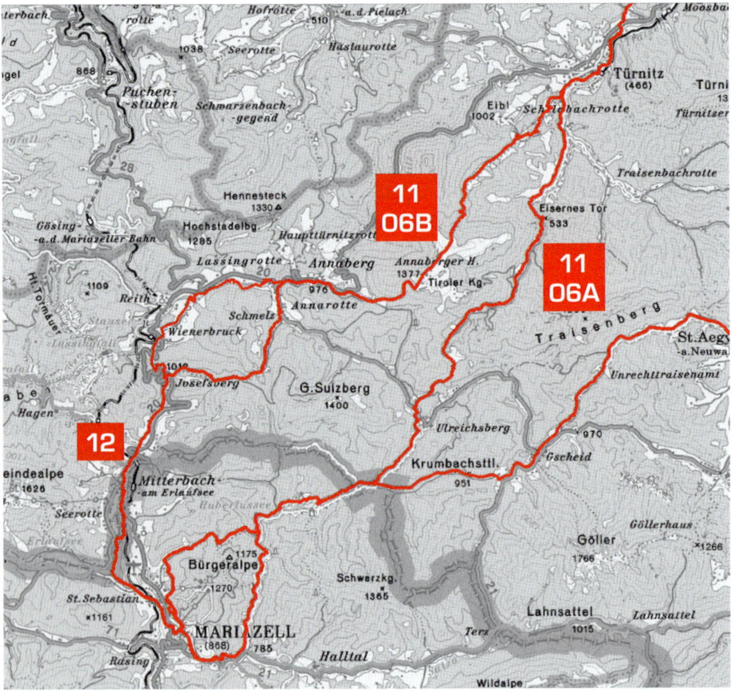

den Gehzeit schließlich den Eingang zum Naturdenkmal Falkenschlucht. (Die Falkengrabenschlucht-Steiganlage wurde 1903 errichtet und zuletzt im Jahr 1992 durch das österreichische Bundesheer instand gesetzt.) Über angelegte Stege und Steige, vorbei am Naturdenkmal Nixhöhle, sind wir ca. 30 Min. später beim Ausgang der Falkenschlucht angelangt, wo wir in den vorbeiführenden Forstweg nach rechts einbiegen und ihn zunächst ein gutes Stück bergauf wandern, ehe wir ihn in einer scharfen Rechtskurve geradeaus auf einen Almweg verlassen. Nach ca. halbstündiger, stets bergauf führender Wanderung weist uns unvermittelt ein Wegweiser nach rechts Richtung Ulreichsberg auf einen Steig in den Wald. Bei einer Lichtung halten wir uns rechts, wandern nun auf einem Forstweg abwärts und zweigen dann, ehe wir zu den ersten Häusern einer Siedlung gelangen, auf einen Steig nach links über die Wiese zum Wald ab. Absteigend erreichen wir die Straße Annaberg

– Ulreichsberg (und den von Walster heraufkommenden Traisentaler Rundwanderweg 655), biegen in diese links ein, um sie bei einem Bildstock nach rechts in Richtung Walster – Fadenthal zu verlassen.
Gehzeit: Türnitz – Ulreichsberg 4 1/4 Stunden

Stets eben dahinwandernd, gehen wir den Rottenbach entlang bis (nach ca. 45 Min.) zu einem markanten Sandsteinbildstock (hier Zusammenfluss des Krum- und Rottenbaches zur Weißen Walster), wo sich unser Niederösterreichischer Mariazellerweg 06A mit dem Wiener Mariazellerweg vereint und wir auch auf den Niederösterreichischen Landesrundwanderweg und den Waldmarkweg 622 treffen.
Wir behalten unsere Richtung geradeaus zum Hubertussee bei, kurz darauf – bei einer Straßengabelung – verlässt uns der NÖ-Landesrundwanderweg nach rechts ins Fadenthal, wir wandern jedoch, die Richtung zur Bruder-Klaus-Kirche beibehaltend, in die Walster, die Grenze Niederösterreich/Steiermark überschreitend zur Kontrollstelle Gasthaus „Zum Hubertussee".
Gehzeit: Ulreichsberg – Walster 1 Stunde

Eine Viertelstunde nach Verlassen der Kontrollstelle zweigen wir rechts zum Hubertussee ab und erreichen kurz darauf das Bruder-Klaus-Kirchlein.
Wir folgen nun der Walster abwärts und erreichen etwa 15 Minuten nach dem Hubertussee eine Abzweigung, die über den Habertheuersattel nach St. Sebastian zum Bahnhof Mariazell führt. Wanderer, die Waldwege schätzen, werden diesen Weg wählen. Wir wandern jedoch die Straße entlang an der Walster flussabwärts (Nächtigungsmöglichkeit im Privatquartier Maria Schweiger) bis ins Halltal, wo sich der Burgenländische und der Steirische mit dem Wiener und Niederösterreichischen Mariazellerweg vereinen. Von Mariazell führt auch der Nord-Süd-Weitwanderweg 05 herunter (Führer im Eigenverlag der Sektion Weitwanderer), dessen österreichischer Abschnitt mit dem Europäischen Fernwanderweg 6 identisch ist.
Gehzeit: Walster – Unteres Halltal 2 Stunden

Unmittelbar schräg gegenüber dem Gasthaus, zwischen Salza und Straße, beginnt unsere letzte Hürde – der Kreuzberg – nach Mariazell. Auf einem neu angelegten Wallfahrer-Fußweg erreichen wir die Anhöhe auf dem Kreuzberg und gehen zunächst auf der Ungarstraße, später durch die Wiener-Neustädter-Straße zur Basilika von Mariazell.
Gehzeit: Unteres Halltal – Mariazell 3/4 Stunden

Variante 06B

11. Tagesetappe

Türnitz (466 m, K) – Annaberger Haus (1377 m, K) – Annaberg (976 m, K)
Weg 606, ca. 16 km, 4 3/4 Stunden, leichte bis mittlere Tour.

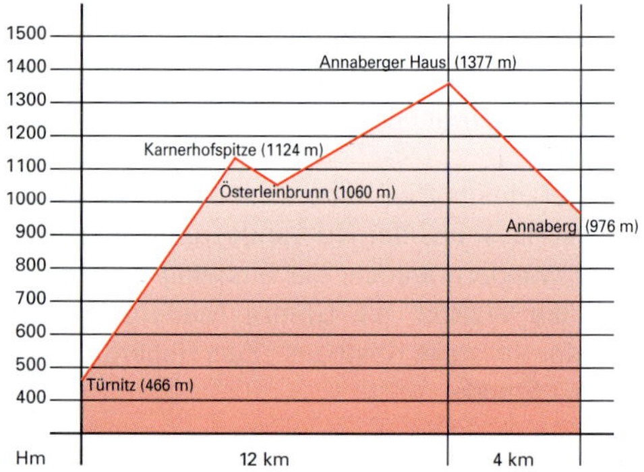

Zufahrt:

Siehe 10. Tagesetappe. Bahnverbindung von Annaberg (6 km von Annaberg) nach St. Pölten und Mariazell. Busverbindung nach Josefsberg, Mariazell, Lilienfeld (Bahnanschluss) und Wien.

Einkehr/Übernachtung/Kontrollstellen:

Annaberger Haus: OeAV-Sektion Österreichischer Gebirgsverein, Lerchenfelder Straße 28, 1080 Wien, Tel. 01/4052657,
Hütte: Annarotte 177, A-3222 Annaberg, Tel. 0664/443 20 03, ganzjährig bewirtschaftet, Montag und Dienstag Ruhetag (N)

Annaberg: Gasthof Engleitner, Annarotte 20, Tel. 02728/8201, Donnerstag Ruhetag oder Gasthof Meyer, Annarotte 7, Tel. 02728/8204, Montag und Dienstag Ruhetag, beide A-3222 Annaberg

Karten:

ÖK 1:50.000, Blatt 73 (Türnitz) oder 4205 (Sankt Aegyd am Neuwalde)
F&B Wanderkarte WK 031 (Ötscherland – Mariazell – Scheibbs – Lunz am See)
Kompass Wanderkarte 213 (Pielachtal – Traisental – St. Pölten) und 212 (Hochschwab – Mariazell – Eisenwurzen)

Info:

GI Annaberg, Tel. 02728/8245, Fax: DW 9
Mariazell, Tel. 03882/2366, Fax: 03882/3945

Wissenswert:

Annaberg: Kirchweiler, Haufenhöfe. Pfarrkirche heilige Anna, Pfarre 1514, dem Zisterzienserstift Lilienfeld inkorporiert, weithin sichtbar. Prächtiger Hochaltar 1686 mit reichem plastischen Schmuck und Kanzel um 1700, barocke Orgel und Sakristeischränke, Schnitzgruppe heilige Anna Selbdritt. Kalvarienberg aus 1677, Pfarrhof 1639–41 errichtet.

Der Weg:

Wie auch bei der Variante 06A beschrieben, wandern wir zunächst durch den Markt Türnitz bis nach Auhof, wo wir auf die Variante 06B stoßen und hier in den Güterweg „Am Berg" nach rechts abbiegen. Gleichzeitig begleitet uns der Waldmarkweg 622, während der Traisentaler Rundwanderweg 655 vom Eiblkogel herabkommend verläuft. In lang gezogenen Kehren, an einigen Gehöften vorbei und durch Viehweiden führt unser Weg schließlich steil hinauf in den Wald, bis an jene Stelle, an der das ehemalige Eiblhaus gestanden ist (905 m). Hier wenden wir uns nach links, nach ein paar Schritten geht es bereits wieder bergab zu einer Einsattelung, wo ein Forstweg in einer großen Kehre vom Tal heraufstrebt. Wir folgen diesem lediglich einige Schritte dem Richtungspfeil Annaberger Haus nach und verlassen ihn sodann unvermittelt (Markierung beachten!) nach rechts steil bergan in den Wald. Vorerst auf einem Kammweg, später auf ausgetretenem Steig und auf Almböden wandern wir an der Karnerhofspitze (1124 m) vorbei hinunter zur Bergrettungshütte Österleinbrunn (1065 m). Von hier steigen wir steil bergauf zunächst durch Wald, dann über Almen, übersteigen einen Weidezaun, vorbei

an Wetterfichten zum 1377 m hoch gelegenen Annaberger Haus auf dem Tirolerkogel.
Gehzeit: Türnitz – Annaberger Haus 3 1/2 Stunden

Wir verlassen das Annaberger Haus in südwestlicher Richtung und halten uns der Stangenmarkierung nach über die Wiese steil hinunter, zweimal die breit angelegte Forststraße querend, um bei der dritten Berührung (bei zwei Almhütten) in sie nach rechts einzubiegen, ihr zum Teil sehr steil hinab zu folgen, um uns dann „Am Gscheid" (1025 m) nach rechts Richtung Annaberg zu halten. Hier führt aus Ulreichsberg/Walsterursprung der Traisentaler Rundwanderweg 655 herauf, auf dessen Route wir seit Türnitz – allerdings in Gegenrichtung – gewandert sind. Wir gehen auf unserer Forststraße zügig bergab bis zur Bundesstraße, in die wir nach links einschwenken und kurze Zeit später in Annaberg und bei unserer Kontrollstelle gegenüber der Kirche eintreffen.
Gehzeit: Annaberger Haus – Annaberg 1 1/4 Stunden

12. Tagesetappe

Annaberg (976 m, K) – Josefsberg (1012 m, K) – Mitterbach am Erlaufsee (789 m, K) – Mariazell (868 m, K)

Weg 606, ab Mitterbach Weg 406, 19 km, 4 3/4 Stunden, leichte bis mittlere Tour.

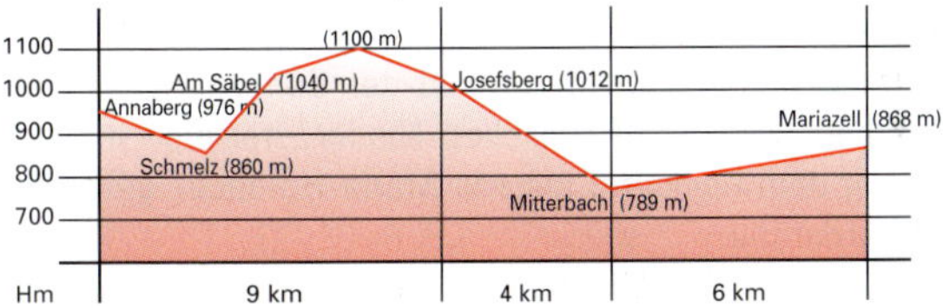

Zufahrt:

Siehe 11. Tagesetappe. Bahnanschluss in Josefsberg (3 km) nach St. Pölten, Mitterbach am Erlaufsee und Mariazell. Busverbindungen von Mariazell nach Mitterbach am Erlaufsee, Wien, St. Pölten, Graz und Eisenstadt (Letztere in den Sommermonaten). Auskünfte siehe 8. Tagesetappe.

Einkehr/Übernachtung/Kontrollstellen:

Josefsberg: Pension Karl Sabath, Josefsberg 10, A-3224 Mitterbach a. Erlaufsee, Tel. 02728/251 oder 0676/9315977 und 0676/3627594, nur an Wochenenden ab Samstag geöffnet (N ausschließlich gegen Voranmeldung)

Mitterbach am Erlaufsee: Gasthof Erwin Filzwieser, Bundesstraße 78, A-3224 Mitterbach a. Erlaufsee, Tel. 03882/2504, Mittwoch Ruhetag, außerhalb der Saison auch Dienstag (N)

Mariazell: OeAV-VH GH „Ochsenwirt", Glitzner & Plaschek, Arthur-Krupp-Platz 3, Tel. 03882/2407, E-Mail: ochsenwirt@mariazell.at oder Hotel „Himmelreich", Familie Meduna, Wr. Neustädter Straße 1,Tel. 03842/34744, oder Salvatorheim, Abt-Severin-Gasse 7, Tel. 03882/2216, alle A-8630 Mariazell

Karten:

ÖK 1:50.000, Blätter 72 (Mariazell), 73 (Türnitz) oder 4205 (Sankt Aegyd am Neuwalde), 4204 (Gaming) und 4210 (Mariazell)

F&B Wanderkarte WK 031 (Ötscherland – Mariazell – Scheibbs – Lunz am See)

Kompass Wanderkarte 212 (Hochschwab – Mariazell – Eisenwurzen)

Info:

GI Mitterbach am Erlaufsee, Tel. und Fax: 03882/4211

Wissenswert:

Josefsberg: Neuer Kirchweiler, Haufendorf. Pfarrkirche heiliger Josef, Pfarre 1757, auf über 1000 m hohem Berg, erbaut 1644, barocker, marmorner Hochaltar mit Bild von Kemp 1857.

Mitterbach am Erlaufsee: Wintersportort, am Fuß der Gemeindealpe gelegen. Die Erlauf bildet hier die Grenze zwischen Niederösterreich und der Steiermark. Katholische, dem heiligen Clemens Maria Hofbauer geweihte, und protestantische Pfarrkirche.

Der Weg:

Von der Kontrollstelle gehen wir links hinunter zum Friedhof und folgen hier dem Wegweiser unseres Wanderweges 06B Richtung Sägemühle bzw. Schmelz/Fadenthal. Gemeinsam mit dem Waldmarkweg 622, der schon von Türnitz den gleichen Wegverlauf hat, wandern wir einen alten Fahrweg hinunter („Annaberger Kreuzweg") zum Haus Annaberg Nr. 33, an der Hafner-Reith-Kehre der Mariazeller Bundesstraße gelegen, der wir ein kurzes Stück abwärts folgen, um gleich darauf – wieder Richtung Schmelz/Sägemühle nach links einzubiegen. Nach den folgenden Häusern – bei einem hölzernen Wegkreuz – halten wir uns wieder links.

Alternativ kann auf lohnenswerter und als 06C bezeichneter Route nach Josefsberg gewandert werden, wo wir bei der Kirche wieder auf den vom „Sabel" kommenden Weg treffen. Dazu gehen wir auf dem Weg 06C/622 geradeaus weiter, auf der Straße am GH Sägemühle vorbei (840 m), um noch vor der Sportanlage den Lassingbach zu übersetzen und auf dem Forstweg (Lassingtalweg, Langlauflope) gute 15 Min. berganzugehen. Bei der folgenden Lichtung (Bank – Wegweiser „Via Sacra Niederösterreich", 880 m) wählen wir den bergabführenden Weg (sporadisch rot-weiß-rot markiert), auf dem wir zu einem weiteren Forstweg gelangen, dem rechts gefolgt wird. Bei der nächsten Weggabelung wählen wir den bergaufführenden Weg (Wegweiser fälschlich mit 06B bezeichnet, Vorsicht, Tafel kann verdreht sein!), der bald danach abwärts zu einer weiteren Wegteilung führt, wo wir uns halbrechts halten. Aus dem Wald tretend erblicken wir vor uns Joachimsberg sowie den Ötscher, kommen zu den Häusern „Im Moos" (813 m), und errei-

chen ein Asphaltsträßchen, das uns zur Kirche von Joachimsberg bringt (878 m, GH Pfeffer, N gegen Voranmeldung, Tel. 02728/348) und danach noch etwa 15 Min. benützt wird. Ehe das Sträßchen in Serpentinen ins Tal führt, halten wir uns unterhalb des Hauses Nr. 97 links hinab nach Wienerbruck, (795 m, 2 Std. ab Annaberg, Mariazellerbahn und Bushaltestelle). Hier übersetzen wir die Mariazeller Straße, gehen geradeaus und gewahren bereits die Wegweiser „Josefsberg – Mitterbach" (Kapelle, Markierung weiß-rot-weiß), welchen wir im Wesentlichen geradeaus – steil durch den Wald hinauf – folgen, wobei drei Kehren der Mariazeller Straße abgekürzt werden. Nach einem riesigen Bildstock erreichen wir eine Trasse der alten Mariazeller Straße, die wir übersetzen, um uns weiter oben bei der nächsten Trasse nach links hinauf zur Kehre 13 (Katzler-Reith) zu halten. Nun entlang des Wiesen- bzw. Waldrandes hinauf nach Josefsberg, und wir gehen bei der Bushaltestelle nach rechts, am Friedhof vorbei, zur Kirche (ca. 1 Std. ab Wienerbruck).

Im Bereich der Ortschaft Schmelz erreichen wir die nach Ulreichsberg führende Straße, durchwandern die Ansiedlung und halten uns bei der Abzweigung Ulreichsberg/Gscheid rechts in Richtung Josefsberg. Kurz danach erreichen wir Koteau und folgen hier den Wegweisern Fadenthal/Bichleralpe (Markierungen rot-weiß-rot und weiß-rot-weiß). Wir streben nun zügig bergauf durch Wald, vorbei an Gedenkkreuzen zweier Verunglückter und an einem Wegweiser nach Joachimsberg, den wir jedoch nicht beachten und geradeaus weiter bis zur Anhöhe „Am Sabel" (1040 m) weitergehen. Nach links verläuft der Weg ins Fadenthal, wir jedoch gehen rechts beim Haus Langseitenrotte Nr. 35 vorbei, hinunter zu einem Durchlass, vorerst halb links, dann rechts über die Wiese an einem Hochstand vorbei in den Wald. Auf einem Steg wird der Saubach übersetzt, ehe es einige Minuten beinahe eben durch den Wald und anschließend nach links ein kurzes Stück sehr steil durch Jungwald, später durch Hochwald hinaufgeht. Bei einem Kahlschlag zeigt der Wegweiser wieder nach links hinauf Richtung Josefsberg, während rechts der Weg nach Wienerbruck bzw. Joachimsberg verläuft. Der Kahlschlag wird parallel zur Forststraße gequert und in leichtem Auf und Ab auf einem Waldpfad weitergewandert. Einen zweiten Kahlschlag übersetzen wir, unsere Richtung geradeaus beibehaltend, und kommen kurz darauf zur Abzweigung Bichleralpe (1378 m, lohnend, schöne Aussicht, Hin- und Rückweg ca. 1 Stunde). Der Weiterweg führt vorerst eben, später leicht fallend zur Talstation der Skilifte Josefsberg. Die Kontrollstelle Josef Sabath erreichen

wir auf einer über die Bundesstraße 20 führenden Brücke, wobei wir uns nach der Pfarrkirche von Josefsberg links halten.
Gehzeit: Annaberg – Josefsberg 2 1/4 Stunden

Vor der Kontrollstelle Sabath marschieren wir über die Straße und nach rechts hinunter auf einem über eine Wiese führenden Weg (Markierung blau und weiß-rot-weiß). Bei einem Holzkreuz übersetzen wir die alte, nach Josefsberg führende Straße. Weiter hinab, bei einem einzeln stehenden Haus, wird die Bundesstraße 20 erreicht, der wir etwa 500 m bergab folgen und sodann nach rechts in die Bergstraße einbiegen (Wegweiser Mariazellerland/Mitterbach). Ein Wiesenweg führt hinunter zum Haus Bergstraße 7. Weiter (blaue Markierung) leicht bergauf, abermals über die Bundesstraße 20, vorbei am Gehöft „Auf der Eben" (hier treffen wir auf den von Friedenstein herüberkommenden Niederösterreichischen Landesrundwanderweg, der uns bis Mitterbach begleitet) wandern wir auf einem Zufahrtsweg hinunter zur Bundesstraße, dann durch die Peterstraße, die uns über die Gleise der Mariazellerbahn und abermals – bei der Brücke über die Erlauf – zur Bundesstraße 20 bringt. Kurz nach der Brücke vereinigen sich der aus den Ötschergräben heraufführende Oberösterreichische Mariazellerweg 06B mit unserer Variante 06B des Niederösterreichischen Mariazellerweges und verlaufen gemeinsam weiter bis Mitterbach am Erlaufsee und zur Kontrollstelle Filzwieser.
Gehzeit: Josefsberg – Mitterbach am Erlaufsee 1 Stunde

Von der Kontrollstelle gehen wir ein kurzes Stück die Straße nach Mariazell leicht bergauf weiter. Ehe die Überführung der Mariazellerbahn erreicht wird, zweigt nach rechts ein Fußweg nach Mariazell und zum Erlaufsee (Wegweiser) ab, den wir gemeinsam mit dem Oberösterreichischen Mariazellerweg benützen (weitere genauere Wegbeschreibung siehe dortselbst). Dieser Wald- bzw. Wiesenweg, der durchgehend gelb-weiß markiert ist, trifft im Bereich der Gutsverwaltung von Grubau auf den Nord-Süd-Weitwanderweg 05 und verläuft mit diesem auf breitem Fußweg, später auf dem Fleschweg bis in den Bereich des Bahnhofs von Mariazell. Durch die Bahnpromenade, Komm.-Rat-Ing.-Hans-Wertanek-Promenade gelangen wir schließlich zur Basilika von Mariazell.
Gehzeit: Mitterbach am Erlaufsee – Mariazell 1 1/2 Stunden

Alternativ zu dieser Wegbeschreibung haben wir noch die Möglichkeit, auf dem anspruchsvolleren und aussichtsreicheren, jedoch unmarkierten Sebastiani- bzw. Rosenkranzweg mit seinen reizvollen Bildstöcken nach Mariazell zu gelangen. Hiezu folgen wir zunächst der Variante 06B bis knapp an die Gleise der Mariazellerbahn. Nun wenden wir uns jedoch nach links, übersetzen die Gleise und folgen der Straße Mitterbach – Mariazell (B 20) nach rechts bis knapp unter der Sebastiani-Kapelle, wo wir nach links in den Kirchenweg einbiegen, zur vorgenannten Kapelle gelangen und unmittelbar vor dieser nach links den Wegweisern „Sebastiani-Weg/Mariazell" bis zum Waldrand folgen. Hier halten wir uns nach rechts und erreichen unmittelbar danach die Rosenkranzweg-Station XV. Wir wandern nun im Wesentlichen immer am Waldrand entlang und treffen nach der IX. Station auf die von der Walster kommende und über den Habertheuersattel zum Bahnhof Mariazell führende Abkürzungsmöglichkeit der Variante A des Niederösterreichischen- bzw. des Wiener Mariazellerweges. Dem Richtungspfeil „Mariazell" folgend, passieren wir noch vorerst drei Rosenkranzstationen, wandern an der „Holzknechthütte" vorbei, queren die Schiabfahrt der Bürgeralm, kommen noch an weiteren fünf Bildstöcken vorbei und stehen schließlich unmittelbar vor der Basilika von Mariazell.

Gehzeit: Mitterbach am Erlaufsee – Mariazell 2 Stunden

Texing
Kirchberg-a.d.Pielach
Traisen
St. Veit-a.d.Gölsen
439
Hainfeld
Kaumberg
Bichlbg.
859
Tradigist
594
Lilienfeld
1104
Ramsau
Araburg
Loich
Schwarzwaldeckh.
Lilienfelder Htt.
Freiland
402
Kleinzell
1199
Hohenstein
Frankenfels
Eisenstein
1185
J. Seitner Htt.
Lehenrotte
1399
Reisalpe
Kieneck
1106
Enzianhtt.
Unterberg
a.d. Pielach
Türnitz
1372
Türnitzer Höger
1146
1002
Hohenberg
Hegerbg.
1179
683
Rohr i. Geb.
Muggendorf
Gösing-
d. Mariazeller Bahn
Kalte Kuchl
481
Gutens
Tirolerkogel
Zdarskyhtt.
820
864
Rohrer Sattel
Annaberg
1377
Traisenberg
1230
Gauermann
Wienerbruck
St. Aegyd-a. Neuwalde
1222
Josefsberg 1400
G. Sulzberg
Ulreichsberg
Öhlerh.
Gscheid
Kernhof
Obersberg
Schwarzau-i. Geb.
764
Mitterbach-a. Erlaufsee
690
1467
Puchberg
Gippel
1669
Klostertaler Gscheid
Sparbacher Htt.
Göller
1766
585
Bürgeralpe
Schneeberg
2061
Fischerhtt.
Lahnsattel
Singerin
Bergh.Hochschneebg
Mariazell
(868)
Terz
1015
2076
1450
Salza
1639
Höllental
Gußwerk
1539
Hinternaßwald
Frein a.d. Mürz
1352
Donaulandhtt.
Habsburgh.
Hirschwang-a.d.Rax
1699
Tonion
1574
Otto-Schutzh.
Reichenau-
Payerbach
Schneealpe
1903
Schneealpenh.
Rax
Edlach-a.d.Rax
Karl-Ludwig-H.
Wegscheid
Niederalpl
Krampen
Altenberg-
2007
Gscheid
1590
a.d.Rax
Preiner
1084
Neuberg-a.d. Mürz
Prein-a.d.Rax
Mürzsteg
1070
Schottwien
Aschbach
Veitsch
Kapellen
1565
Gollrad
1981
Scheibenhtt.
Maria-Schutz
Graf-Meran-H.
Semmering
984
1523
Spital-am Semmering
Sonnwends
253
1418
Steinhaus-am Semmering
1720
Roßkogel
Rauschkogel
1479
670
Trattenbach
MÜRZZUSCHLAG
Stübming
Veitsch
Fb.
Bärenkg.
Stuhleck
Alois-Günther-H.
Langenwang
1782
1372
1298
Pfaffensattel
Au
Rittis
Pretul
1656
Troiseck
Turnau
1466
1409
Roseggerh.
Mitterdorf-i. Mürztal
Krieglach
Rettenegg
Hochwechsel
Wartberg i. Mürztal

Der Burgenländische Mariazellerweg

Der Burgenländische Mariazellerweg:

Eisenstadt – Mariazell

Wanderer, die mit der Bahn angereist sind, können den Kontrollstempel am Bahnhof, jene, die einen Bus genommen haben, treffen in Eisenstadt am Domplatz ein und können den Stempel in einem Geschäft oder Gasthof einholen. Vom Bahnhof führt uns der Weg geradeaus durch die Laschoberstraße bis zur Ödenburgerstraße, wir übersetzen diese, gelangen zur Rusterstraße, folgen dieser leicht bergan zum Schloss Esterházy auf dem Esterházyplatz und biegen links in die Esterházystraße ein. Busfahrer gehen vom Domplatz in der Pfarrgasse Richtung Westen vorbei an der Creditanstalt-Bankverein zum Hauptpostamt und biegen rechts in die Semmelweisgasse ein. Diese ein kurzes Stück entlang bis zum Schloss Esterházy. Links einbiegend, über den Esterházyplatz, gelangen wir ebenfalls in die Esterházystraße.

1. Tagesetappe

Eisenstadt (182 m, K) – Großhöflein (194 m) – Fölligkapelle (243 m) – Wiesen (306 m) – Schreinermühle (334 m) – Forchtenstein/Sauerzapf (560 m)
Weg 906, 30 km, 7 1/2 Stunden, leichte Tour.

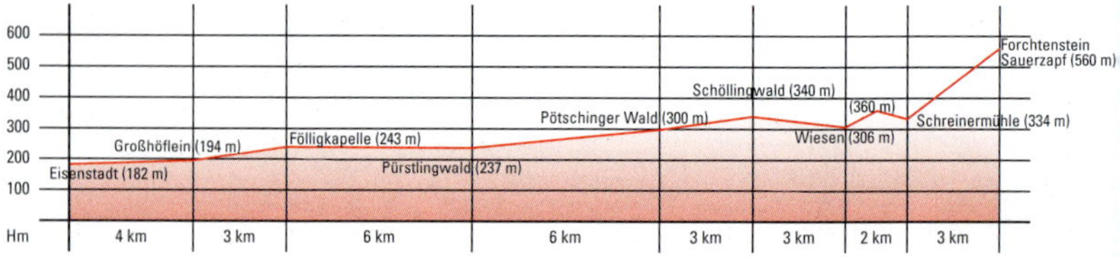

Zufahrt:

Bahnverbindung von Wien über Neusiedl am See nach Eisenstadt und von Wr. Neustadt nach Wiesen-Sigleß. Busverbindung von Eisenstadt nach Wiesen und Großhöflein.

Einkehr/Übernachtung/Kontrollstellen:

Eisenstadt: Haydnbräu, Johann Lehner, Pfarrgasse 22, A-7000 Eisenstadt, Tel. 02682/63945, kein Ruhetag (keine N)

Wiesen: Gasthof Karl Klawatsch, Hauptstraße 49, A-7203 Wiesen, Tel. 02626/81672 (keine N), Montag Nachmittag und Dienstag Ruhetag, oder

Gasthof Johann Murnberger, Sauerbrunnerstr. 5, A-7203 Wiesen, Tel. 02626/81629, Mittwoch Ruhetag (keine N)

Forchtenstein: Gasthof Sauerzapf, Rosalienstraße 39, 7212 Forchtenstein, Tel. 02626/81217, Mittwoch Ruhetag (N).

Karten:

ÖK 1:50.000, Blätter 77 oder 5202 (Eisenstadt), 107 oder 5208 (Mattersburg)

F&B Wanderkarte WK 271 (Neusiedler See – Rust – Seewinkel – Nationalpark) und WK 023 (Rosaliengebirge – Forchtenstein – Hohe Wand – Thermenregion)

Kompass Wanderkarte 227 (Burgenland)

Info:

GI Eisenstadt, Tel. 02682/67390
Wiesen, Tel. 02626/81636-12
Forchtenstein, Tel. 02626/631250

Wissenswert:

Eisenstadt, Stadt mit eigenem Statut, Freistadt am Südhang des Leithagebirges. Jungsteinzeitlicher Siedlungsnachweis, ebenso aus der frühen, mittleren und späteren Bronzezeit. Bedeutende Siedlung auf dem Burgstallberg, römische Siedlung. Nennung 1118 als castrum ferrum. Der Name Eysenstadt scheint erstmals 1373 im „vermechteten Freiheitsbrief" auf. 1388 Verleihung des Marktrechtes und Privileg zur Ansiedlung von Juden. 1405/06 von Herzog Wilhelm von Österreich erobert. Während des Krieges zwischen Friedrich III. und Matthias Corvinus wird Eisenstadt zeitweise königlich ungarisch, nach 1491 wieder habsburgisch unter Verwaltung der niederösterreichischen Kammer. 1622 Verpfändung der Herrschaft an Nikolaus Esterházy. 1925 wird Eisenstadt Sitz der Burgenländischen Landesregierung. An geschichtlichen und kulturellen Bauten sind neben zahlreichen Brunnen, Denkmälern und Bildstöcken besonders erwähnenswert: Stadt- und Befestigungsanlage entstand im 14. Jahrhundert. Hausformen ursprünglich bäuerliche Winzerhäuser, Streck- und Hakenhöfe. Domkirche hl. Martin, eine capella sancti seit 1264; 1960 zum Bischofssitz erhoben. Franziskanerkirche hl. Michael, ehemaliges Minoritenkloster. Ev. Pfarrkirche. Fürstlich Esterházysches Schloss, wahrscheinlich zwischen 1388 und 1392 als vierflügelige Wasserburg erbaut. Bemerkenswerte Schauräume. Seit 1969 ist ein großer Teil der Räume von der Burgenländischen Landesregierung benützt, ein Teil öffentlich zugänglich. Kalvarienberg mit Gnadenkapelle Maria Einsiedeln auf künstlicher Anhöhe. Nach dem Vorbild von Maria Lanzendorf von 1701 bis 1705 errichtet. 1711 Überführung des Gnadenbildes aus Großhöflein auf den Hochaltar der Kapelle. Bergkirche Heimsuchung Mariä an den Kalvarienberg angebaut. Grabstein Josef Haydns unter der Empore, Haydnorgel oft vom Meister gespielt.

Kleinhöflein: Angerdorf westlich von Eisenstadt. Urkundlich erwähnt 1153. Kath. Pfarrkirche hl. Veit. Pfarre seit 1464. Kapellen und Bildstöcke.

Großhöflein: Markt am Südrand des Leithagebirges, Breitangerdorf, einige Gruppen von Giebelfassaden und Hofeinfahrten erhalten. In der Nähe auf dem Föllig jungstein-, bronze- und römerzeitliche Funde. Urkundlich erwähnt 1153. Kath. Pfarrkirche hl. Johannes der Täufer aus 1529. Spätgotischer mächtiger Bau, dreijochig; Netzrippen- und Kreuzgratgewölbe, Hochaltar Mitte 18. Jahrhundert. Dreifaltigkeitssäule auf dem Hauptplatz, Inschrift 1713. Zahlreiche Bildstöcke.

Wiesen: Grabendorf mit Straßenteil in den hügeligen Ausläufern des Rosaliengebirges, urkundlich erwähnt 1346. Kath. Pfarrkirche Zum Heiligen Geist, erbaut 1958–1962. Ehemalige kath. Pfarrkirche der heiligen Barbara, heute Aufbahrungskirche. Kapellen und Bildstöcke.

Der Weg:

Beide Routen führen nun gemeinsam durch die Esterházystraße, gelangen zur Bergkirche mit Haydn-Mausoleum und stoßen hier, unmittelbar beim Eingang zur Kirche, rechts auf die erste Markierung. Von hier wandern wir die Wienerstraße weiter und gelangen zum Ortsteil Kleinhöflein.

Immer weiter, der Wienerstraße folgend, bis zum Haus Nr. 57 am Ortsende von Eisenstadt, Ortsteil Kleinhöflein. Wir biegen hier links in den Güterweg Kleinhöflein/Setzried ein. Schöner Rückblick auf die markante Kirche von Kleinhöflein. Wir bleiben auf dem asphaltierten Güterweg, schwenken nach ca. 150 m nach rechts. Knapp vor einem steinernen Bildstock verlassen wir den asphaltierten Güterweg. Geradeaus vor uns gewahren wir eine Lagerhalle, auf die wir nur ein kurzes Stück zugehen, um uns gleich wieder nach rechts zu wenden. Wir schwenken bei einer steinernen Pietà wieder nach rechts und kommen so zu den ersten Häusern am südlichen Ortsrand von

Großhöflein. Beim Haus Nr. 15 wenden wir uns in die Haydngasse, später gehen wir über das Bartsplatzl und biegen rechts in die Rosengasse ein. Hier biegen wir links in die Hauptstraße, bei der Kapelle rechts in den Antoniplatz und stoßen auf die Ödenburgerstraße. In Großhöflein besteht letzte Einkehrmöglichkeit bis Wiesen.
Gehzeit: Eisenstadt – Großhöflein 1 Stunde

Wir queren die Ödenburgerstraße, gehen in der Triftgasse weiter und übersetzen in der Folge die Autobahn Wulkaprodersdorf – Wien und die Bahnlinie Ebenfurth – Wulkaprodersdorf. Ab Großhöflein sind der Zentralalpenweg 02, der Burgenland-Weitwanderweg mit seiner rot-goldenen Markierung und der NÖ-Landesrundwanderweg unsere Begleiter. Unser Weg zieht durch Weingärten, am Waldrand entlang zu einer Anhöhe. Rechts sehen wir die Ruine des Jagdhauses Esterházy. Der Blick zurück zeigt uns am gegenüberliegenden Hang Großhöflein. Über die Bergkuppe des Föllig bleiben wir immer auf der asphaltierten Straße, gehen vorbei an einer riesigen Mülldeponie und gelangen, nun abwärts, zur Fölligkapelle. Nach der Werkseinfahrt der Mülldeponie halten wir uns nach links und gleich darauf nach rechts in einen Schotterweg, auf dem wir vorerst nach ca. 150 m wieder scharf rechts abbiegen, nach etwa weiteren 300 Metern links in einen Wiesenweg einschwenken und hinunter zum Sulzbach gelangen. Diesen überschreiten wir, um leicht bergan zur Straße Zillingtal – Hirm zu wandern. Diese wird übersetzt, und weiter geht es sanft bergan durch Felder, in westlicher Richtung bis zur Höhe des Pürstlingwaldes. Links von uns gewahren wir Krensdorf. Ca. 3 km ab der Straße Zillingtal – Hirm erreichen wir einen schottrigen Feldweg, der uns nach links direkt an den Rand des Pürstlingwaldes bringt. Hier angelangt, wenden wir uns nach rechts und folgen ca. 20 Minuten dem Weg entlang des Waldrandes, um knapp vor einem Wildzaun nach links in den Eichenwald einzuschwenken. Wir treten aus dem Wald, gehen links hinunter zur Straße Pöttsching – Krensdorf, die wir übersetzen, und wandern immer geradeaus dem Weg folgend auf eine kleine Anhöhe und sodann gerade zum Edelbach hinab. Hier weist unsere Markierung nach rechts. Unter einer Hochspannungsleitung geht es zweimal hindurch, nach links über eine Brücke, über eine weitere Brücke den Edelbach überschreitend geradeaus zum Pöttschinger Wald, der uns die nächste Stunde aufnehmen wird. Zehn Minuten ab der letzten Brücke erreichen wir die Schnellstraße Bad Sauerbrunn – Sigleß. Wir wenden uns nach links, um die Schnellstraße überqueren zu können. Hierzu führt uns unser Weg ein Stück zurück aus dem Wald heraus, um auf einem Zubringerweg rechts über eine Brücke zu gelangen. Jenseits der Brücke gehen wir gleich wieder rechts entlang des die Schnellstraße abgrenzenden Zaunes. Gegenüber einem Tor im Zaun wenden wir uns nach links in den Wald hinein. Geradeaus gehen wir durch einen so genannten „Kampfwald" und später durch jungen Mischwald. Auf unserem Weiterweg kommen wir zu einer mächtigen Buche, an der burgenländische Weitwanderer im Jahr 1988 eine hölzerne Tafel mit einem Spruch angebracht haben. Wir übersetzen sodann die Straße Sauerbrunn – Mattersburg, gleich darauf die Bahnlinie Sauerbrunn – Mattersburg, wo uns sodann der Schöllingwald aufnimmt und wir kurz nach Überschreiten der Bahngleise den leicht bergauf führenden halb rechten Karrenweg wählen. Wir erreichen einen Fahrweg, dem wir nach links bis zur Straße Wiesen – Sauerbrunn folgen, und wenden uns auf dieser wieder nach links. Zunächst bergab, später dann wieder

kräftig bergauf. Auf der Kuppe angelang, sehen wir bereits die Ortstafel von Wiesen und gehen dann die Haselnussgasse, später die Sauerbrunnerstraße hinunter bis zur Hauptstraße, um dann in die Obere Höhenstraße abzuzweigen, diese aber wieder in die Erdbeergasse zu verlassen. Durch die Obere Lindengasse wandern wir, vorbei an Obstkulturen, auf eine Anhöhe. Sodann leicht bergab und in weiterer Folge zur Ansiedlung Schreinermühle.
Gehzeit: Großhöflein – Schreinermühle 5 1/2 Stunden

Von der Pension „Zur Alten Mühle" wenden wir uns kurz nach rechts, um gleich darauf nach links in die Berggasse einzuschwenken, wo wir nach ca. 1 km auf die Burgenlandroute des Nordalpenweges 01A (auch Europäischer Fernwanderweg E4) treffen. Über die Rosengasse kommen wir bergan zum Ortsrand von Forchtenstein, gehen durch den Langerweg und übersetzen bei einer Kehre die Schlossbergstraße und sehen vor uns die Burg Forchtenstein; durch die Burggasse kommen wir dann hinauf zur Burg. Gegenüber der Burg Forchtenstein gehen wir rechts am Gasthof Wegscheidler vorbei, die namenlose Gasse hinauf in den Wald bis zu dem an der Straße Forchtenstein – Rosalia gelegenen Gasthof Sauerzapf. Für die Fortsetzung unseres Weges müssen wir wieder hinunter zum GH Wegscheidler.
Gehzeit: Schreinermühle – Forchtenstein/Sauerzapf 1 Stunde

2. Tagesetappe

Forchtenstein/Sauerzopf (560 mm, K) – Burg Forchtenstein (490 m) – Rosalienkapelle (748 m) – Walpersbach (317 m) – Pitten (376 m, K)
Weg 906, 22 km, 6 Stunden, leichte Tour.

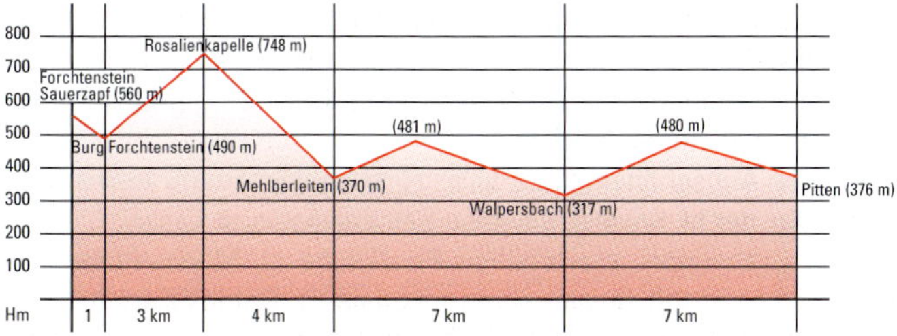

Zufahrt:

Bahnverbindung von bzw. nach Wr. Neustadt bzw. Wiesen-Sigleß sowie nach Pitten über Wr. Neustadt. Bahnhof Wiesen-Sigleß 3 km vom Zentrum. Busverbindung nach Wien, Wr. Neustadt, Eisenstadt, Forchtenstein und Rosalia.

Einkehr/Übernachtung/Kontrollstellen:

Pitten: Gasthof „Zur Alten Schule", Schulgasse 48, A-2823 Pitten, Tel. 02627/82413, Montag und Donnerstag Ruhetag (N), oder

Gasthof Leopold Manhalter, Hauptplatz 26, A-2823 Pitten, Tel. 02627/82208, Montag und Mittwoch Ruhetag (N)

Karten:

ÖK 1:50.000, Blätter 106 (Aspang-Markt), 107 (Mattersburg) oder 4207 (Neunkirchen)

F&B Wanderkarte WK 023 (Rosaliengebirge – Forchtenstein – Hohe Wand – Thermenregion)

Kompass Wanderkarte 227 (Burgenland) und 210 (Wiener Hausberge)

Info:

TV Rosalia, Tel. 02626/63467

GI Forchtenstein, Tel. 02626/63125-0, Fax: DW 18
Walpersbach, Tel. 02627/48344, Fax: DW 4
Pitten, Tel. 02627/82212-2221

Wissenswert:

Forchtenstein: Mächtige Burg auf Dolomitfelsen am Ostabhang des Rosaliengebirges. Zum Schutz und zur Kontrolle der wichtigen Straßenverbindungen Wr. Neustadt – Sopron kurz nach 1300 von den Grafen von Mattersdorf erbaut. Seit 1352 nannten sich die Mattersdorfer Grafen von Forchtenstein. Bemerkenswerte Waffensammlung in den Räumen der beiden Obergeschoße der Burg und im Zeughaus. Kapelle erbaut um 1642. Im Burggraben Schauplatz der Forchtensteiner Burgspiele.

Rosalienkapelle: Auf schönem Platz durch Fürst Paul Esterházy 1670 erbaut, der Pestpatronin, der hl. Rosalia, geweiht. Bemerkenswerte Kanzel.

Walpersbach: Grabendorf, dreischiffige Pfarrkirche hl. Maria. Pfarre seit 1782, dem Chorherrenstift Reichersberg inkorporiert. Barockisiert 2. Hälfte des 17. Jh.s. Am Hochaltar sitzende Muttergottes Anfang 14. Jh.

Pitten: Markt, Kirchensiedlung, Drei- und Vierseithöfe. Schloss und Befestigung auf Bergkuppe über dem Ort gelegen. In das Befestigungssystem einbezogen die Pfarrkirche des hl. Georg. Pfarre seit 1144, Hochaltar um 1740. Schloss und Befestigung 16. und 17. Jh., im 19. Jh. zu einem Jagdschloss umgestaltet. 140 m tiefer Felsenbrunnen, 1605–1608.

Der Weg:

Der Weiterweg bringt uns vorbei am Forchtensteinerhof (Wegscheidler) oder besser gleich statt Forchtensteinerhof GH Wegscheidler durch die Reserlgasse, die an ihrem Ende in einen Hangweg übergeht (schöner Blick auf die Burg Forchtenstein), zunächst eben, später ansteigend durch Wald, bei einer Kehre über ein Bächlein und dann mäßig bis stark ansteigend zu den Rosaliahäusern und schließlich zum ehem. Gasthof Wutzelhofer.
Weitwanderwegeknotenpunkt: 01A, 02 (Führer 01 im Verlag Styria), NÖ-Landesrundwanderweg, Burgenland-Weitwanderweg.
Gehzeit: Burg Forchtenstein – Rosalia 1 Stunde

Hier verlassen uns der Weitwanderweg 01A und eine Variante des NÖ-Landesrundwanderweges in Richtung Hochwolkersdorf. Während der Zentralalpenweg 02, die Hauptroute des NÖ-Landesrundwanderweges und der Burgenland-Weitwanderweg auf gemeinsamer Route Richtung Schwarzko-

gel ihre Fortsetzung finden, wandern wir auf dem Weg 906 Richtung Walpersbach. Dazu folgen wir gleich neben dem Gasthof dem Wegweiser zur Rosalienkapelle. Unterhalb dieser führt unser Weg bergab vorbei am Sendemast einer Relaisstation; kurz danach folgen wir dem Wegweiser Lanzenkirchen (blau), gelangen zur Ansiedlung Heuberg und verlassen diese an ihrem westlichen Rand zwischen zwei Anwesen. Vorbei an einer Messstation wandern wir hinunter zum Sinabelkreuz. (Ab der letzten Kontrollstelle verläuft auf unserer Trasse auch eine Variante des NÖ-Landesrundwanderweges auf die Hohe Wand.) In einem Hohlweg weiter bergab, einen Forstweg übersetzend, gehen wir auf einen Hochstand zu, steiler durch den Wald hinunter zu einem weiteren Hohlweg mit grün-weißer Markierung. Wir jedoch halten uns links und folgen den rot-weiß-roten bzw. weiß-blauen Marken. Es folgt ein kurzes steiles Waldstück, einen weiteren Forstweg übersetzend und weiter ziemlich steil hinunter durch den Wald. Immer bergab gehend gelangen wir zu einem Umweltmessturm, stoßen nach einigen Schritten auf die Forststraße Mehlberleiten, in die wir nach rechts einbiegen und bei der Rotte Mehlberleiten eintreffen, wo wir nach links, eine Brücke überschreitend, Richtung Walpersbach abbiegen. Eine grün-weiße Markierung begleitet uns. Nach ca. 1/4 Stunde wenden wir uns rechts über eine weitere Brücke, gleich darauf wieder nach links. Durch einen Hohlweg geht es in den Wald hinauf, zwei Forststraßen werden bergan gehend übersetzt, ehe wir zur Straße Hochwolkersdorf – Schleinz kommen, in die wir rechts einbiegen, ihr ca. 400 m folgen, um sie sodann nach links zu verlassen, (grüne Markierung, Tafel Bahnhof Erlach). Gleich bei einem Hochstand gehen wir einen schmalen Hohlweg hinab, übersetzen schräg links einen Forstweg, (Markierung immer genau beachten!), weiter bergab stoßen wir auf einen neuerlichen Forstweg und das Haus Walpersbach Nr. 45. Diesem Forstweg geradeaus folgend, kommen wir auf die Straße Walpersbach – Klingenfurt, rechts an der Brücke (nicht übersetzen!) vorbei und den Waldrand entlang, später romantisches Weglein entlang des Klingenfurter Baches. Ein hölzerner Steg lässt uns diesen übersetzen und beim Haus Walpersbach Nr. 74 auf eine Straße gelangen. Wir folgen dieser Straße nach Norden, gewahren links die Kirchturmspitze von Walpersbach, wenden uns auf den asphaltierten Steig nach links, darauf nach rechts und wieder nach links, gerade auf die Kirchturmspitze zu, und kommen exakt bei der Kirche an. Einkehrmöglichkeiten, jedoch keine Nächtigungsmöglichkeit.

Gehzeit: Rosalia – Walpersbach 3 1/4 Stunden

Wir durchwandern Walpersbach, halten uns bei der Schule rechts, gehen geradeaus auf das Ziegelwerk zu, biegen dann in die Brombergerstraße links ein, gehen diese etwa 2,5 km entlang in die so genannte Vorderbrühl, zweigen rechts in einen breiten Forstweg ab, wo eine Wegtafel nach Pitten weist, der wir – sowie den grünen Marken – folgen. Ansteigend gelangen wir zur Rotte Weinberg, später durch einen Hof, sodann sofort wieder links, ein kurzes Stück einen Hohlweg entlang, bei Häuserruinen gleich wieder nach rechts und anschließend bei einer Wiese links in den Wald bis zur nächsten Anhöhe. Von hier geht es hinunter zum Schloss Pitten. Vor dem Schlossberg (440 m) zweigt unser Weg nach links, um nach einigen Minuten bergab in die Berggasse zu verlaufen, die uns in den Markt Pitten geleitet.
Gehzeit: Walpersbach – Pitten 1 3/4 Stunden

3. Tagesetappe

Pitten (376 m, K) – Schwarzau am Steinfeld (329 m) – Breitenau (343 m) – Mollram (354 m) – Würflach (430 m, K) – Klammhütte (461 m) – Rosental (517 m) – Grünbach am Schneeberg (577 m, K)
Weg 206, ca. 23 km, 5 3/4 Stunden, leichte Tour.

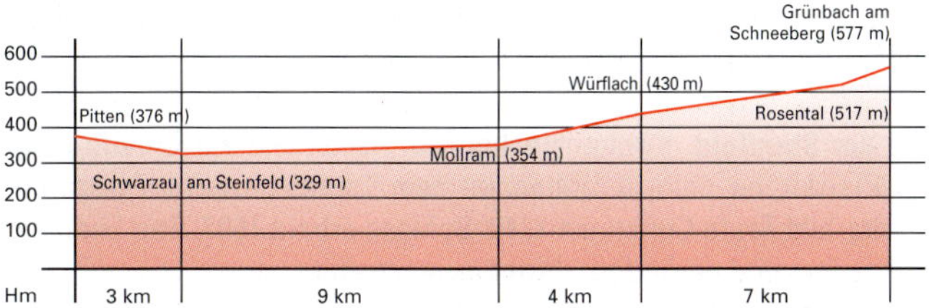

Zufahrt:

Eisenbahnverbindung von Wr. Neustadt nach Neunkirchen, Pitten und Grünbach am Schneeberg. Busverbindungen von Pitten nach Schwarzau am Steinfeld, Breitenau und Neunkirchen; von Neunkirchen nach Mollram und Würflach.

Einkehr/Übernachtung/Kontrollstellen:

Würflach: Gasthof Lachner, Neunkirchnerstraße 14, A-2732 Würflach, Tel. 02620/2428 (N nur gegen Voranmeldung), oder
Jausenstation Lackner, „Johannesbachklamm", A-2732 Würflach, Tel. 0676/7371952, Mittwoch Ruhetag (keine N)
Schutzhütte Gerhartl (Ende der Johannesbachklamm, 20 Matratzenlager, ab 13 Uhr, Tel. 02620/2882 oder 0699/112 82 662)

Grünbach am Schneeberg: Gasthof-Pension „Zur Schubertlinde", Liane Adrigan, Badstraße 4, A-2733 Grünbach am Schneeberg, Tel. 02637/2252, Dienstag und Mittwoch Ruhetag (N)

Karten:

ÖK 1:50.000, Blätter 75 (Puchberg am Schneeberg), 76 (Wiener Neustadt), 106 (Aspang-Markt) oder 4207 (Neunkirchen)
F&B Wanderkarte WK 023 (Rosaliengebirge – Forchtenstein – Hohe Wand – Thermenregion) und 022 (Semmering – Rax – Schneeberg – Schneealpe)
Kompass Wanderkarte 210 (Wiener Hausberge)

Info:

GI Würflach, Tel. 02620/2410
Schrattenbach, Tel. 02637/2727
Grünbach am Schneeberg, Tel. 02637/2200-0

Wissenswert:

Schwarzau am Steinfeld: Kirchensiedlung, Dreiseit- und Hakenhöfe, Bushaltestelle. Pfarrkirche dem hl. Johannes dem Täufer geweiht. Pfarre seit 1282, Hochaltarbild Taufe Christi um 1740. Schloss erbaut 1697, Bau Ende des 19. Jh.s restauriert und verändert. Jetzt Frauenstrafanstalt.

Neunkirchen: Stadt urkundlich 1094 erwähnt, Markt vor 1136, Stadterhebung 1920. Busverbindungen, Bahnlinie Wien – Graz bzw. Klagenfurt. Pfarrkirche Mariä Himmelfahrt, Pfarre vor 1127, 1529 und 1683 von den Türken zerstört. 1907 Brand, hernach wiederhergestellt. Vorzügliche Einrichtung, besonders bemerkenswert der Hochaltar Mitte 18. Jh. mit reichem Statuen- und Ornamentschmuck sowie zwei Seitenaltären von 1745. Umgebaute Marienkapelle. Ehemaliges Paulanerkloster aus dem 16. Jh., Dreifaltigkeitssäule von 1724.

Würflach: Gassengruppendorf, urkundlich erwähnt 1094. Dreiseit- und

Hakenhöfe. Pfarrkirche heilige Anna, Pfarre 1783. Die Kirche war ursprünglich stark befestigt. Bau Mitte des 15. Jh.s, Jahreszahl an der Friedhofsmauer 1479. Bemerkenswert der Durchgang durch einen Strebepfeiler an der Nordwestecke. Altäre aus 1622, 1646, Seitenaltar mit guten Holzstatuen um 1680. Karner erbaut 1495 oder 1497.

Grünbach am Schneeberg: Gassendorf, Drei- und Vierseithöfe. Pfarrkirche hl. Michael. Pfarre 1387. Brand 1683, wiederhergestellt 1744, spätgotischer Chor.

Der Weg:

Für unseren Weiterweg gehen wir die Schulgasse hinunter, biegen rechts, vorbei an der „Goldenen Krone", in die Alleegasse ein, schwenken gleich wieder links in die Bahnhofstraße, überschreiten beim Bahnhof die Gleise und wandern Richtung Schafleiten/Schwarzau am Steinfeld. Wir folgen der rot-weiß-roten Markierung und wählen den Steig, der unmittelbar an der Böschung des darunterliegenden Schotterweges verläuft. Nach einigen Minuten sind wir auf der Schafleiten. Schöner Blick auf Pitten. Der Markierung folgend, gelangen wir zu einem Genesungsheim, folgen einem Zaun und gehen auf eine Häusergruppe zu. Weiter entlang eines asphaltierten Sträßchens, beim Friedhof vorbei, zur Wechselbundesstraße, in die wir nach rechts einbiegen, wo wir uns bereits im Ortsgebiet Schwarzau am Steinfeld befinden. Vorbei an der Tankstelle, über die Schwarza, um beim Richtungspfeil Neunkirchen – Breitenau die Wechselbundesstraße nach links zu verlassen. Wir folgen der Schwarzauerstraße, übersetzen die A2, um nach wenigen Minuten im Ortsgebiet von Breitenau einzutreffen. Einkehrmöglichkeiten.

Gehzeit: Pitten – Breitenau 1 1/2 Stunden

Die Schwarzauerstraße geht in die Neunkirchnerstraße über, und nach dem Haus Neunkirchnerstraße 54 biegen wir in die Mollramergasse ab, vorbei an einer markanten Kapelle, gelangen an das Ortsende von Breitenau (Ortstafel), vorerst durch freies Gelände, kurze Zeit später nimmt uns der Schwarzföhrenwald auf. In der Folge übersetzen wir die Bundesstraße 17 (Neunkirchner Allee) und haben vor uns einen schönen Blick zur Hohen Wand. Den Föhrenwald weiter durchwandernd bis zur Südbahnstrecke, die wir zunächst nicht übersetzen, sondern nach links, entlang der Gleise, Richtung Neunkirchen folgen (im nahe gelegenen Bahnhof Neunkirchen Möglichkeit, die Tour zu

unterbrechen bzw. zu beginnen). Nach ca. 1 km übersetzen wir die Gleise der Südbahn über eine Brücke und wandern auf der nunmehr asphaltierten Straße weiter durch Wald, übersetzen die Straße Neunkirchen – Weikersdorf und gehen auf einem Feldweg auf die ersten Häuser von Mollram zu, biegen rechts in die Mollramerstraße ein. Bei einem großen Bildstock wenden wir uns in die Ortsstraße nach links.

Gehzeit: Breitenau – Mollram 1 1/2 Stunden

Wir bleiben auf der Ortsstraße bis an das Ortsende von Mollram, biegen in die nach Raglitz führende Straße ein, um sie nach etwa 400 m nach rechts in den Mollramer Wald zu verlassen. Auf geruhsamem Waldweg, leicht bergan, gelangen wir – immer geradeaus strebend – nach genussvoller Wanderung zur Straße Würflach – Neunkirchen (Ortsbeginn Würflach), biegen in diese rechts ein – schöner Blick auf die Hohe Wand –, um sie kurz darauf bei einem Bildstock nach links in die Wolfsohlerstraße zu verlassen. Dieser folgen wir

ca. 5 Minuten bis zur Neunkirchnerstraße, in die wir nach rechts einschwenken, um sie bis zur Kirche von Würflach zu benützen.
Gehzeit: Mollram – Würflach 1 Stunde

Von der Kontrollstelle folgen wir der Neunkirchnerstraße abwärts und biegen links in die Brunnengasse zur Johannesbachklamm (Naturdenkmal) ab (mehrere Wegweiser), am Ende der Brunnengasse kommen wir am Pumpwerk Johannesquelle vorbei, queren auf einem Steg den Johannesbach (Erlebnisweg Johannesbachklamm), gehen links auf einer schmalen Straße in die Klamm, an deren Beginn sich die Jausenstation Lackner befindet. Die Johannesbachklamm wurde von den Wiener Naturfreunden im Jahr 1902 gangbar gemacht und im Jahr 1961 von der Gemeinde Würflach instand gesetzt. Gut ausgebaute Anlage mit zahlreichen Brücken und Stegen. Nach ca. 15 Minuten erreichen wir das obere (westliche) Ende der Johannesbachklamm und die ehemalige Klammhütte (Schutzhütte Gerhartl).
Gehzeit: Würflach – Klammhütte 3/4 Stunden

Unser Weiterweg führt uns über die Brücke des Johannesbaches, auf einen breiten Waldweg, später entlang des Johannesbaches flussaufwärts bis nach Greith. Ein Wegweiser zeigt zur Ruine Schrattenstein. Wir gehen jedoch geradeaus bis zur Straßengabelung und halten uns zwischen den Häusern Greith Nr. 17 und 19 nach links. Wir übersetzen den Johannesbach (Möglichkeit, einen unmarkierten Abschneider entlang des Baches zu verwenden) und gelangen in weiterer Folge zum Ortsanfang von Schrattenbach (Ortstafel) bei einem Trafo und Bildstock. Vor der Ortstafel Schrattenbach wenden wir uns nach rechts in die Straße nach Rosental (Einkehrmöglichkeit im GH „Rosentalerstubn"), wo der Weg Richtung Hornungstal und Grünbacher Sattel weiterführt, wir aber gehen geradeaus zum fünf Minuten entfernten Gasthof-Restaurant Schubertlinde, bereits am Ortsanfang von Grünbach am Schneeberg.
Gehzeit: Klammhütte – Grünbach am Schneeberg 1 Stunde

4. Tagesetappe

Grünbach am Schneeberg (577 m, K) – Grünbacher Sattel (678 m) – Puchberg am Schneeberg (582 m, K) – Mamauwiese (957 m, K)
Weg 206, ca. 19 km, 4 3/4 Stunden, leichte Tour.

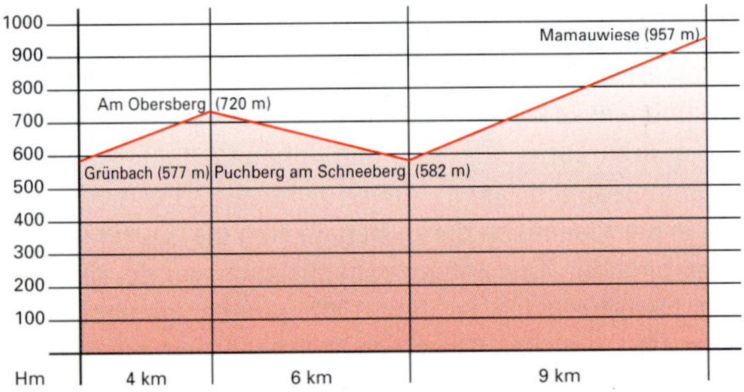

Zufahrt:

Bahnverbindung von Wr. Neustadt nach Grünbach am Schneeberg und Puchberg am Schneeberg. Busverbindung von Wr. Neustadt über Würflach und Grünbach am Schneeberg nach Puchberg am Schneeberg.

Einkehr/Übernachtung/Kontrollstellen:

Puchberg am Schneeberg: Gasthof „Schwarzer Adler", Josef Schanner, Burggasse 2, A-2734 Puchberg am Schneeberg, Tel. 02636/2275, Mittwoch ab 14 Uhr und Donnerstag Ruhetag (N), oder

Gasthof Hausmann, Schneebergstraße 2, A-2734 Puchberg am Schneeberg, Tel. 02636/2231, Montag Ruhetag (N)

Mamauwiese: Friedrich Wilsch, Berggasthof Mamauwiese, Klostertal 65, A-2770 Gutenstein, Tel. 02634/7455, Mittwoch Ruhetag, Juli und August kein Ruhetag (N)

Karten:

ÖK 1:50.000, Blatt 75 (Puchberg am Schneeberg) oder 4212 (Mürzzuschlag)
F&B Wanderkarte WK 022 (Semmering – Rax – Schneeberg – Schneealpe)
Kompass Wanderkarte 210 (Wiener Hausberge)

Info:

GI Puchberg am Schneeberg, Tel. 02636/2256, Fax: DW 12

Wissenswert:

Puchberg am Schneeberg: Markt, Kirchensiedlung, Vierseit- und Haufenhöfe. Pfarrkirche hl. Veit. Pfarre 1069. Vierstöckiger Turm mit Schießscharten. Westportal Ende 15. Jh. Nach dem Brand 1945 Kirche weitgehend umgestaltet. Burgruine; erbaut 12. Jh. Turm mit Rundbogenfenstern. Seit 1897 fährt von Puchberg eine Zahnradbahn auf den Hochschneeberg. Streckenlänge 9,8 km, Höhenunterschied 1171 m. Ein Tagesausflug, sehr lohnend.

Der Weg:

Für unseren Weiterweg gehen wir die ca. 250 m zum Gemeindeamt von Schrattenbach zurück und zweigen rechts Richtung Hornungstal ab. In der Folge halten wir uns nach dem Richtungspfeil Grünbacher Sattel – Pfennigbach – Puchberg. Unmittelbar gegenüber dem Haus Hornungstal Nr. 2, rechts vorbei am Haus Nr. 23 (etwa 30 Minuten nach Grünbach), verlassen wir die Straße und zweigen rechts in einen Zufahrtsweg ab, der später ansteigend in einen Waldweg übergeht. Bei der ersten Weggabelung geht unser Weg in eine Rechtskehre über, und wir erreichen nach steilem Anstieg einen Sattel, wo zwischen zwei Kastanienbäumen ein Holzkreuz steht. Wir passieren einen Weidezaun und wandern hinunter zur Ansiedlung „Am Obersberg" und

gelangen in der Folge zum aufgelassenen Gasthof Zenz auf dem Grünbacher Sattel.
Gehzeit: Grünbach am Schneeberg – Grünbacher Sattel 1 1/4 Stunden

Wir folgen nun etwa 150 m der Bundesstraße nach Puchberg, wenden uns – wieder links –, die Bahnlinie Grünbach – Puchberg übersetzend, vorbei an einigen Gehöften und gelangen zwischen einer Häusergruppe hindurch hinunter nach Pfennigbach. Gegenüber einer Kapelle gehen wir den Richtungspfeilen „Talstation des Sessellifts" nach. Keine Einkehrmöglichkeit. Weiter geht es auf weichem Wiesenweg, mit prachtvollen Blicken zum Schneeberg, vorbei an der Wilhelm-Frey-Ruhe/Waldandacht, und anschließend auf einem gemütlichen Hangweg zur Talstation des Himbergliftes und kurz darauf nach Puchberg am Schneeberg.
Gehzeit: Grünbacher Sattel – Puchberg 1 1/4 Stunden

Rechts über die Brücke des Pfennigbaches in den Ehrbarweg. Um zu den Kontrollstellen zu gelangen, müssen wir beim Bahnschranken das Bahngleis übersetzen, gehen geradeaus und stoßen direkt an die Kontrollstellen GH „Schwarzer Adler" bzw. GH „Hausmann".

Um auf unserem Weg weiterzugehen, müssen wir wieder zurück zum Bahnschranken, die Gleise übersetzen, um unmittelbar danach links in den Siebertweg über den Sierningbach zunächst Richtung Losenheim zu streben. Unmittelbar danach stoßen wir schon auf die Tafeln, die uns zum Wasserfall bzw. zur Mamauwiese weisen. Dem Siebertweg folgen wir bis zum Paradiesweg, diesem rechts Richtung Wasserfall/Mamauwiese, um kurz darauf linker Hand in den Römerweg einzubiegen. Nun folgen wir diesem, stets begleitet von den Richtungspfeilen Wasserfall/Mamauwiese. Neben unserer rot-weiß-roten begleitet uns auch eine weiß-blau-weiße Markierung. Über Wiesen und einen Wiesenrain entlang, mit schönen Blicken zum Schneeberg, gelangen wir in die Ansiedlung Mittering (ab Bahnhof 30 Min.), links, dem Grössenbergweg folgend, dann rechts wieder dem Pfeil „Wasserfall" nach, in den Unternbergweg (nicht in den „Prater"!) stets dem Richtungspfeil „Wasserfall" treu bleibend bis zum Langseitenweg. Wir folgen dem Pfeil „Mamauwiese" und unserer rot-weiß-roten Markierung, vorbei am ehemaligen und nunmehr geschlossenen Gasthof Paddelwirt in den Wald und über den so genannten Römerweg zur Reinerkapelle. Von hier besteht die Mög-

lichkeit, dem eingangs erwähnten Wasserfall einen Besuch abzustatten (hin und zurück ca. 30 Minuten). Auf einem breiten Forstweg dahinwandernd, ein Bächlein übersetzend, treffen wir schließlich bei der Kontrollstelle „Mamauwiese", Gasthof Wilsch, ein.
Gegenüber dem Gasthof wurde von den burgenländischen Mariazell-Wallfahrern ein Gedenkstein errichtet.
Hier begegnen wir auch der Wiener Route des Nordalpinen Weitwanderweges 01 (E4), der alternativen Route des NÖ-Landesrundwanderweges und dem Piestingtaler Rundwanderweg 231.
Gehzeit: Puchberg – Mamauwiese 2 1/4 Stunden

5. Tagesetappe

Mamauwiese (957 m, K) – Vois (640 m) – Schwarzau im Gebirge (601 m, K) – Preintal (763 m, K)
Weg 206, ab Schwarzau im Gebirge 406, ca. 20 km, 5 Stunden, leichte Tour.

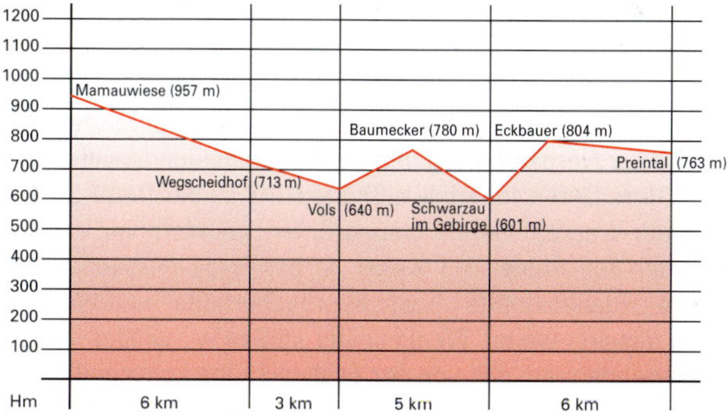

Zufahrt:

Busverbindung von Payerbach-Reichenau (Südbahn) nach Schwarzau im Gebirge.

Einkehr/Übernachtung/Kontrollstellen:

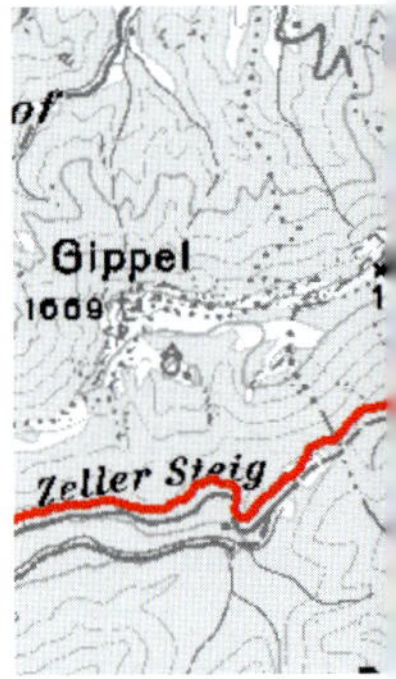

Schwarzau im Gebirge: Gasthof-Pension „Bacherlwirt“, Johann Schweiger, Preintal 24, A-2662 Schwarzau i. Geb., Tel. 02667/251, kein Ruhetag (N)

Preintal: Privatquartier Gramlhofer, Preintal 62, A-2662 Schwarzau i. Geb., Tel. 02667/571 (nur N mit Frühstück), oder bereits davor im
Privatquartier Fam. Zöchling (vulgo Mitterhofer), Preintal 18, A-2662 Schwarzau im Gebirge, Tel. 02667/273 (N, K)

Karten:

ÖK 1:50.000, Blätter 74 (Hohenberg), 75 (Puchberg am Schneeberg) oder 4212 (Mürzzuschlag) und 4211 (Neuberg an der Mürz)
F&B Wanderkarte WK 022 (Semmering – Rax – Schneeberg – Schneealpe)
Kompass Wanderkarte 210 (Wiener Hausberge)

Info:

GI Schwarzau im Gebirge, Tel. 02667/238, Fax: 02667/570

Wissenswert:

Schwarzau im Gebirge: Lang gezogener Markt. Erstmalige Erwähnung 1260. Pfarrkirche aus dem 13. Jh. Ein Naturpark lädt zum Verweilen ein.

Der Weg:

Nach Verlassen der Kontrollstelle gehen wir über die Wiese zurück zu unserem Weg. Während der Nordalpenweg und die NÖ-Landesrundwanderweg-Variante über die Dürre Leiten zur Edelweißhütte (1248 m) der OeAV-Sektion Edelweiß führen (der Weg 231 zieht Richtung Öhler), wandern wir in westlicher Richtung über den Römerweg weiter. In der Folge missachten wir die Richtungspfeile „Edelweißhütte“ bzw. „Sparbacherhütte“ und wandern auf dem Forstweg talwärts weiter. Wenig später stoßen wir wieder auf den Piestingtaler Rundwanderweg, der, von der Edelweißhütte kommend, unseren Weg in Richtung Klostertal quert. Wir aber gehen geradeaus. Nachdem der Weg einen großen Bogen beschreibt, erreichen wir leicht bergan die so genannte Putzkapelle. An dieser links vorbei und sodann bergab, vorbei an der Tränkwiese, zunächst auf einem breiten Forstweg, den wir später ca. 150 m nach einer großen Kehre nach links verlassen, hinunter zum Wegscheidhof (aufgelassener Bauernhof) im Voistal an der Straße Gutenstein

– Schwarzau i. Geb. Diese gehen wir nach links Richtung Schwarzau i. Geb. vorerst bis Vois und sodann vorbei am ehem. GH Nothnagel.
Gehzeit: Mamauwiese – Vois 2 1/4 Stunden

Gleich nach dem Gasthof bei einer Kapelle verlassen wir die Straße geradeaus hinauf zum Wald. Kurz danach rechts über einen Zaun, dem Waldrand entlang, später nochmals über einen Zaun, um in einen Forstweg links einzubiegen. Wir bleiben auf dem breiten Schotterweg, teils in freiem Gelände, teils am Waldrand. Der Weg wendet sich dann nach links, wir gehen jedoch geradeaus, kurz parallel zum Weg, und streben sodann nach rechts, dem Waldrand entlang, in einem Hohlweg der Anhöhe zu. Beim so genannten Baumecker (Bildstock) erreichen wir einen weiteren Forstweg, der uns in einigen Kehren talwärts zur Straße Rohr im Gebirge – Hirschwang bringt. Dieser folgen wir nach rechts bis Schwarzau im Gebirge. Unmittelbar nach der Ortstafel übersetzen wir die Schwarza und gelangen zu unserer Kontrollstelle.
Gehzeit: Vois – Schwarzau im Gebirge 1 1/2 Stunden
Der Weiterweg führt am Gasthof links vorbei auf einer asphaltierten Straße 200 Höhenmeter bergan zum Eckbauer, sodann bergab zum Gehöft Mitterhofer und in weiterer Folge zur ehemaligen Preinmühle, wo wir den Preinbach übersetzen. (Ab hier Gleichlauf mit dem NÖ-Landesrundwanderweg bis Abzweigung Preinecksattel.) Den Richtungspfeilen Preintal/Gscheidl folgend, wandern wir talaufwärts durch das romantische Preintal und treffen in weiterer Folge beim Privatquartier Gramlhofer ein.
Gehzeit: Schwarzau im Gebirge – Preintal 1 1/4 Stunden

6. Tagesetappe

Preintal (763 m, K) – Gscheidlhöhe (1134 m) – Donaudörfl (922 m) – Lahnsattel (1015 m) – Terz (855 m, K) – Halltal (810 m) – Unteres Halltal (785 m) – Mariazell (868 m, K)
Weg 406, ca. 30 km, 7 1/2 Stunden, leichte bis mittlere Tour.

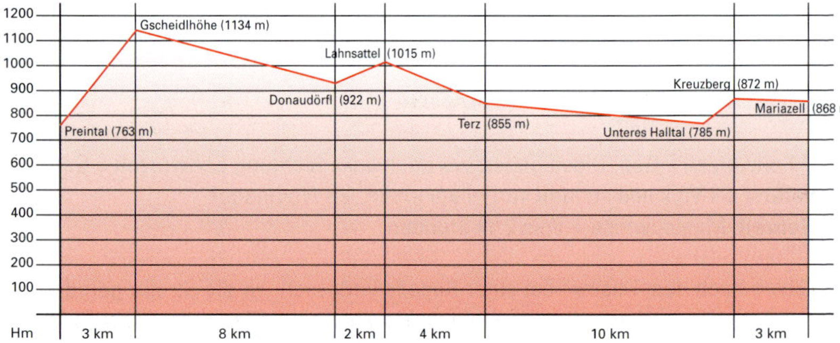

Zufahrt:

Busverbindung von Wr. Neustadt über Terz nach Mariazell von Juli bis September.

Einkehr/Übernachtung/Kontrollstellen:

Terz: GH Striegl, „Zur Österreichischen Grenze“, Terz 4, A-3195 Kernhof, Tel. 03883/30002, kein Ruhetag (N)

Unteres Halltal: Gasthof „Zur Weinperle“, Irene Müller, Halltal 3, 8630 Mariazell, Tel. 03882/2526, kein Ruhetag (N)

Mariazell: OeAV-VH GH „Ochsenwirt“, Glitzner & Plaschek, Arthur-Krupp-Platz 3, Tel. 03882/2407, E-Mail: ochsenwirt@mariazell.at oder Hotel „Himmelreich“, Familie Meduna, Wr. Neustädter Straße 1,Tel. 03842/34744, oder Salvatorheim, Abt-Severin-Gasse 7, Tel. 03882/2216, alle A-8630 Mariazell

Karten:

ÖK 1:50.000, Blätter 72 (Mariazell), 73 (Türnitz), 74 (Hohenberg) oder 4211 (Neuberg an der Mürz)
F&B Wanderkarten WK 022 (Semmering – Rax – Schneeberg – Schneealpe), WK 031 (Ötscherland – Mariazell – Scheibbs – Lunzer See)
Kompass Wanderkarten 210 (Wiener Hausberge) und 212 (Hochschwab – Mariazell – Eisenwurzen)

Info:

GI St. Aegyd am Neuwalde, Tel. 02768/2290-0
Mariazell, Tel. 03882/2366, Fax: 03882/3945

Wissenswert:

Terz: Ansiedlung an der steirisch-niederösterreichischen Landesgrenze.

Der Weg:

Von den jeweiligen Privatquartieren erreichen wir bald die Abzweigung Preinecksattel, wo uns der NÖ-Landesrundwanderweg verlässt. Wir jedoch übersetzen den Schlagerbach, gehen weiter Richtung Lahnsattel und folgen jetzt stets den hölzernen Richtungspfeilen sowie den weiß-blau-weißen Marken, die bereits nach Mariazell weisen. Ca. 1/2 Stunde nach Überschreiten des Schlagerbaches verlassen wir den breiten Forstweg halb rechts. Beim Aufstieg auf das Gscheidl gewahren wir die zahlreichen, durch Wallfahrergruppen aus dem Burgenland und Niederösterreich an Bäumen und Felsen angebrachten Erinnerungstafeln an ihre Fußwallfahrten.
Gehzeit: Preintal – Gscheidlhöhe 1 Stunde

Auf dem Zellersteig wandern wir nun über Wiesen und durch Wald, vorerst bergab in einer ruhigen, beschaulichen Urlandschaft. Dieses sehr erholsame Wegstück bringt uns später vorwiegend auf gleichbleibender Höhe zum Donaudörfl am Fuß des Göllers (1766 m).
Gehzeit: Gscheidlhöhe – Donaudörfl 2 Stunden

Wir benützen nun ein kurzes Stück die asphaltierte Straße Mürzsteg – Mariazell, um auf dieser den Ort Lahnsattel zu erreichen. Ehemaliges Gasthaus „Zum Göller" in Lahnsattel geschlossen, daher keine Einkehrmöglichkeit.
Gehzeit: Donaudörfl – Lahnsattel Ort 1/2 Stunde

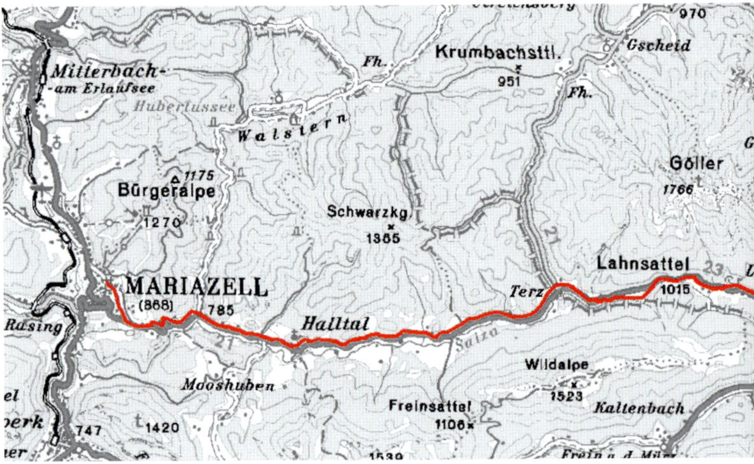

Kurz nach Verlassen der Ortschaft Lahnsattel biegen wir links in einen Wiesenweg ein, folgen weiter der weiß-blau-weißen Markierung des Zellersteiges, der im Wesentlichen unterhalb der vorerwähnten Straße verläuft und uns anschließend zum Lahnsattel bringt. Wir folgen dem Zellersteig hinunter durch ein Wäldchen, weiter auf einem schönen Wiesenweg, lieblich entlang dem Terzbach, den wir ca. 1,5 km vor Terz übersetzen, um auf der besagten Straße bis Terz weiterzuwandern. Der Zellersteig zwischen den Orten Lahnsattel und Terz wurde durch den Verein „Freunde der Schule Altlahnsattel" im Jahr 1988 neu angelegt bzw. instand gesetzt. Einkehr- und Nächtigungsmöglichkeit in Terz.
Gehzeit: Lahnsattel Ort – Terz 1 Stunde

In Terz übersetzen wir den Terzbach und überschreiten unmittelbar danach die steirisch-niederösterreichische Landesgrenze. Ab hier muss leider bis Mariazell die Straße benützt werden, da die Anlage eines Wanderweges am Einspruch der Grundeigentümer scheiterte. Den Wanderern wird daher empfohlen, die Straßenbankette zu benützen. Wir wandern zunächst durch das Obere Halltal, begleitet vom Rauschen der Salza (leider auch vom Rauschen der Autos), und treffen nach etwa 5 km ab Terz im Gasthaus Lebernegg ein.
Gehzeit: Terz – Oberes Halltal 1 Stunde

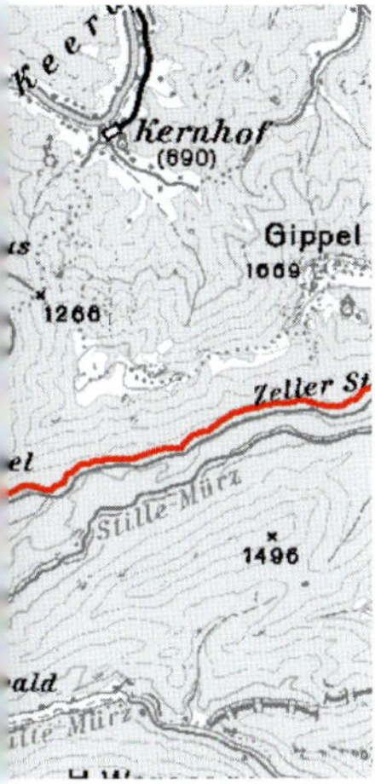

Kurz nach dem Gasthaus erreichen wir die Ortschaft Halltal. Einkehrmöglichkeit im Gasthaus Familie Blümert.

Durch das Untere Halltal geht es auf der Straße weiter bis zur Mündung der Walster in die Salza und zur Vereinigung des Wiener, des Niederösterreichischen und des Burgenländischen Mariazellerweges. Kurz darauf stoßen wir beim Gasthof „Zur Weinperle" auch auf den Nord-Süd-Weitwanderweg 05 (E6) und den Steirischen Mariazellerweg.

Gehzeit: Oberes Halltal – Unteres Halltal 1 1/4 Stunden

Unmittelbar schräg gegenüber dem Gasthaus, zwischen Salza und Straße, beginnt unsere letzte Hürde – der Kreuzberg – nach Mariazell. Auf einem neu angelegten Wallfahrer-Fußweg erreichen wir die Anhöhe auf dem Kreuzberg und gehen zunächst auf der Ungarstraße, später durch die Wiener-Neustädter-Straße zur Basilika von Mariazell.

Gehzeit: Unteres Halltal – Basilika Mariazell 3/4 Stunden

Auf legendenumrankten Wallfahrerwegen nach Mariazell

Mit präzisen Routenbeschreibungen, Wegzeiten, Markierungen, Höhenprofilen, Schwierigkeitsbewertungen, Skizzen zu jeder Tagestour, Nächtigungsmöglichkeiten, Tourismusinformationen und Kartenausschnitten ein unverzichtbarer Begleiter für jeden Wanderer und Pilger.

Die Ausgangspunkte liegen in Salzburg, Oberösterreich, Kärnten und der Steiermark.

Erika und Fritz Käfer

Pilgerwege nach Mariazell

Band West + Süd

208 Seiten, Broschur
mit Kartenausschnitten und Höhenprofilen
ISBN 978-3-222-13262-9

:STYRIA

www.styriaverlag.at

Stichwortverzeichnis

Die Zahlen hinter den Begriffen weisen auf die jeweilige Seite hin.

Am Säbel 109
Ammering 88
Annaberg 104, 107
Annaberger Haus 104
Ausjagdboden 37

Badener Tor 37
Breinmühl 96
Breitenau 123
Burg Forchtenstein 119

Donaudörfl 134
Droß 78

Ebersbach 41
Egelsee 83
Eisenstadt 114
Enzianhütte 46
Etzmannsdorf 77

Fölligkapelle 114
Friedersbach 66
Furth 40
Gaaden 35
Großhöflein 117
Großschönau 58, 62
Grünbach am Schneeberg 123, 128
Grünbacher Sattel 128
Gscheidlhöhe 134

Habertheuersattel 54
Hafnerberg 39
Halltal 134
Heiligenkreuz 30, 32
Hochreith 50
Hohenstein 96
Höldrichsmühle 36
Hubertussee 53

Im Gries 48
Im Moos 108

Joachimsberg 108
Josefsberg 107

Kaiserkogel 93, 96
Kalte Kuchl 47
Kammersteiner Hütte 30, 33
Kernhofer Gscheid 51
Kieneck 42, 44
Klammhütte 123, 127
Kleinmariazell 39
Kreisbach 93, 95
Kreuzberg 51
Krumau am Kamp 70
Lahnsattel 134

Mamauwiese 128, 131
Maria Raisenmarkt 30
Mariazell 51, 100, 107, 134
Markt Kaumberg 39, 44
Mayerling 30
Mittelberg 78
Mitterbach am Erlaufsee 107
Mödling 35, 77
Mödlingbach 37
Mollram 123

Nebelstein 58
Neidling 88

Oberbergern 83, 88
Ochsattel 50
Peilsteinhaus 30
Perchtolsdorf 30
Peygarten/Ottenstein 66, 70
Pitten 119, 123
Preinreichs 62
Preintal 131, 134
Puchberg am Schneeberg 128

Reingupf 46
Roblmühle 62
Rodaun 32
Rohr im Gebirge 47
Rosalia 119
Rosenau 62
Rosenburg am Kamp 74
Rosental 123
Rudolf-Schwarz-Promenade 36
Ruine Araburg 44

Schiltern 78
Schreinermühle 114, 119
Schwarzau am Steinfeld 123
Schwarzau im Gebirge 131, 133

Seegrotte 35
Seewiese 34
Senftenberg 78, 83
St. Aegyd am Neuwalde 47, 51, 88
St. Martin 58
St. Pölten 88, 93
Stefanieweg 36
Stein an der Donau 83
Steinegg 74
Stiefernbach 80
Stift Zwettl 66

Tasshof 41
Tautendorf 74, 78
Terz 134
Tote Frau 87
Tradigist 96
Türnitz 96, 100, 104

Ulreichsberg 100
Unterberghaus 40, 44, 47
Unteres Halltal 100, 134
Urlauberkreuz 35

Veiglkogel 41, 46
Via Sacra Rundwanderweg 37
Vois 131

Waldreichs 70
Walpersbach 119
Walster 51, 100
Walterschlag 58
Wegscheid am Kamp 70, 74
Weißes Kreuz 35
Weyersdorf 88
Wienerbruck 109
Wiesen 114
Wilhelmsburg/Kreisbach 93
Würflach 123

Zwettl 62, 66

Wiener Mariazellerweg:

Wien – Mariazell

Herr/Frau ______________________________

Anschrift ______________________________

Postleitzahl ______________________________

Mitglied welchen alpinen Vereines? ______________________________

Ich habe den Wiener Mariazellerweg in _____ Tagen durchwandert

Niederösterreichischer Mariazellerweg

Nebelstein – Mariazell

Herr/Frau ______________________________

Anschrift ______________________________

Postleitzahl ______________________________

Mitglied welchen alpinen Vereines? ______________________________

Ich habe den NÖ Mariazellerweg in _____ Tagen durchwandert

Burgenländischer Mariazellerweg

Eisenstadt – Mariazell

Herr/Frau ______________________________

Anschrift ______________________________

Postleitzahl ______________________________

Mitglied welchen alpinen Vereines? ______________________________

Ich habe den Burgenländischen Mariazellerweg in _____ Tagen durchwandert

Bitte genau und leserlich ausfüllen. Dieser Abschnitt verbleibt beim Wegereferat der OeAV-Sektion Weitwanderer
p. A. Karl Reitner, Kegelprielstraße 13, 4400 Steyr.

Kontrollstempel

Kontrollstempel

Kontrollstempel

Kontrollstempel

Kontrollstempel

Kontrollstempel